油品销售企业员工责任
履行对企业绩效的影响研究

李立群　滕攀杰　吕益川　著

中国财经出版传媒集团

经济科学出版社
Economic Science Press

图书在版编目（CIP）数据

油品销售企业员工责任履行对企业绩效的影响研究 /
李立群，滕攀杰，吕益川著 . —北京：经济科学出版社，
2022. 7
ISBN 978 - 7 - 5218 - 3603 - 5

Ⅰ. ①油…　Ⅱ. ①李…　②滕…　③吕…　Ⅲ. ①石油销
售企业 - 工业企业管理 - 人事管理 - 影响 - 企业绩效 - 研
究 - 中国　Ⅳ. ①F426. 22

中国版本图书馆 CIP 数据核字（2022）第 066192 号

责任编辑：白留杰　杨晓莹
责任校对：蒋子明
责任印制：张佳裕

油品销售企业员工责任履行对企业绩效的影响研究

李立群　滕攀杰　吕益川　著

经济科学出版社出版、发行　新华书店经销

社址：北京市海淀区阜成路甲 28 号　邮编：100142

教材分社电话：010 - 88191309　发行部电话：010 - 88191522

网址：www. esp. com. cn

电子邮箱：bailiujie518@ 126. com

天猫网店：经济科学出版社旗舰店

网址：http：//jjkxcbs. tmall. com

北京密兴印刷有限公司印装

710 × 1000　16 开　10. 75 印张　165000 字

2022 年 7 月第 1 版　2022 年 7 月第 1 次印刷

ISBN 978 - 7 - 5218 - 3603 - 5　定价：52. 00 元

（图书出现印装问题，本社负责调换。电话：010 - 88191510）

（版权所有　侵权必究　打击盗版　举报热线：010 - 88191661

QQ：2242791300　营销中心电话：010 - 88191537

电子邮箱：dbts@ esp. com. cn）

序　言

　　在新发展理念和高质量发展双重目标导向下，企业履行社会责任，既是实现经济、环境、社会可持续发展的必由之路，也是实现企业自身可持续发展的必然选择。正如世界银行指出，企业履行社会责任的表现，就是企业对可持续经济发展的贡献。所以，企业社会责任表现以及如何对企业绩效产生影响、企业社会责任与企业绩效之间的关系研究业已成为学术界关注的焦点议题。

　　目前学术界对企业社会责任与企业绩效的关系并无定论，更由于在指导理论、衡量指标体系、研究对象等界定上的差别，研究结论也各有差异，所以，在当前我国双循环新发展格局下，探究行业性的企业社会责任与企业绩效关系研究比一般性研究似乎更有意义，也更有助于从微观角度提出个性化对策建议。

　　油气行业对实现我国能源安全、保障国家长远发展作用突出，同时也属于资源开采型，相较于其他行业其社会责任承担更为重要，这也使研究油气行业企业社会责任与企业绩效的关系显得十分必要，尤其是企业对重要利益相关者之一的员工履行社会责任的研究更为迫切。这里面的研究包括两个方面，一是企业如何通过履行社会责任调动员工的积极性，从而提升企业绩效？二是在提质增效过程中，如何动态平衡员工责任履行和企业绩效目标实现之间的关系？

本书的研究正是基于上述现实背景，选择油气行业的油品销售企业为研究对象，以国内外相关文献为指导，经过实地访谈及调查，以员工感知为中介效应变量，构建了油品销售企业员工责任履行与企业绩效的理论模型。通过问卷调查获得数据资料，运用结构方程模型（SEM）完成了假设验证。通过研究得出以下结论：（1）货币形式员工责任履行对企业绩效影响有限，但油品销售企业履行员工责任不应过于依赖货币形式员工责任；（2）非货币形式员工责任履行对企业绩效的影响效果较为明显，油品销售企业相关资源配置应该向非货币形式员工责任倾斜；（3）落实员工责任履行，油品销售企业应将员工责任履行与人力资源管理活动相融合；（4）对标SDGs，将规范、完整的员工责任履行信息及时传递给所有利益相关者。通过本书的研究，基本明确了油品销售企业履行员工责任与企业绩效之间的影响路径及影响效果，为油品销售企业更好地履行员工责任进而实现更为高效的资源配置效果提供理论依据和实证支撑。

作者李立群是我校会计学系骨干教师，在其攻读博士期间就开始企业绩效评价及其影响机制的研究，取得了不错的成果。近年来她的研究重点聚焦在企业知识资本对经营绩效影响、企业社会责任与企业绩效关系等领域，形成了一定的知识积累。本书基于独到的研究视角和范式，聚焦解决企业在实践中的难题，其成果具有很好的理论价值和实践指导意义，也体现了作者较高的学术研究能力和水平。期望她以此为基础，立足自己的研究领域，刻苦钻研，努力探索，在未来的学术研究上取得更好的成果。

是为序！

赵选民
2022 年 3 月于西安

前　言

　　能源企业的社会责任承担问题影响面广、所涉及群体众多，因此历来受到社会各界的普遍关注。油品销售企业处于能源供应的下游板块，其经营活动中涉及的社会责任议题也很多。

　　近年来，在企业提质增效专项行动中，油品销售企业充分意识到员工是企业的宝贵财富，保障员工健康与福祉是油品销售企业重要的社会责任内容之一。然而，员工成本的刚性约束、黏性表现，无疑给油品销售企业管理者增加了不小的工作难度。如何在实现企业经营目标的过程中，做到员工与企业的共同成长？如何在资源约束的前提下，平衡企业要求与员工期望？如何在充分保障员工权益的基础上，提升管理活动中的人文关怀？我们带着这些问题走进油品销售企业，深入加油站点，感受油品销售企业管理者的困扰、了解基层员工的真实工作状态。

　　本书由李立群负责全文写作。滕攀杰负责完成问卷设计、问卷数据收集、整理等，并全程参与数据分析工作。吕益川负责组织现场调研、问卷发放等工作，并在问卷设计及研究分析过程中多次提出宝贵意见和建议。

　　本书由西安石油大学优秀著作出版基金和西安石油大学油气资源经济与管理研究中心资助出版。本书获得陕西省社会科学基金项目"追赶超越"战略下陕西资源型企业知识资本创新驱动效应研究（项目号：2017S009）的资助，在此表示感谢。在写作过程中，还得到西安石油大学经济管理学院会计系王毓军老师的大力支持，在此一并表示感谢。本书的完成，还借鉴了许多优秀的研究成果，也向各位作者、研究者表示感谢。

作为我们对"员工责任承担和企业绩效关系研究"的阶段成果，本书在许多方面仍存在不足，疏漏之处在所难免，恳请有关专家和读者批评指正。

作者

2022 年 3 月于西安

目　　录

第1章　绪论 ·· 1

1.1　研究背景 ·· 1

1.2　研究目的及意义 ······································ 3

1.3　国内外研究述评 ······································ 4

1.4　研究内容及方法 ······································ 16

1.5　技术路线与创新点 ···································· 19

第2章　社会责任理论及其在我国的发展 ·············· 21

2.1　论战中演进的社会责任理论 ···················· 21

2.2　企业社会责任的测量与评价 ···················· 23

2.3　企业社会责任倡议文件 ·························· 30

2.4　企业社会责任在我国的推进历程 ················ 37

第3章　中国石油社会责任履行状况分析 ·············· 40

3.1　中国石油的社会责任观 ·························· 40

3.2　中国石油的社会责任履行实践 ·················· 47

3.3　中国石油社会责任履行的信息披露分析 ·········· 60

3.4 中国石油社会责任履行效果评价 ·························· 63

3.5 本章小结 ·· 64

第4章 油品销售企业履行员工责任及其绩效影响理论模型构建 ········ 66

4.1 油品销售企业员工责任履行现状分析 ················ 66

4.2 履行员工责任影响油品销售企业绩效的理论模型构建 ········ 70

4.3 本章小结 ·· 91

第5章 问卷检验与研究数据收集 ·························· 93

5.1 预试问卷分析 ······································ 93

5.2 研究数据收集与描述 ······························ 101

5.3 本章小结 ·· 113

第6章 履行员工责任对油品销售企业绩效影响的实证分析 ········ 115

6.1 履行员工责任对企业绩效影响的结构方程描述 ·········· 115

6.2 初始模型实证结果及分析 ·························· 116

6.3 修正模型实证结果及分析 ·························· 123

6.4 履行员工责任对油品销售企业绩效影响效果的
实证结果分析 ···································· 128

6.5 本章小结 ·· 131

第7章 油品销售企业履行员工责任提升绩效的建议 ············ 132

7.1 油品销售企业不应过分依赖货币形式员工责任改善绩效 ···· 132

7.2 企业资源配置应向非货币形式员工责任的履行倾斜 ······ 133

7.3 实现企业员工责任承担与人力资源管理活动的融合 ······ 136

7.4 对标可持续发展目标披露企业员工责任履行信息 ········ 137

7.5 本章小结 ·· 139

第 8 章　结论 ·· 140

附　录 ·· 142

　　GRI 11 重要议题与 SDGs 之间的联系 ··············· 142

　　履行员工责任对企业绩效的影响研究调查问卷 ············ 145

参考文献 ··· 150

| 第1章 |

绪　论

1.1　研究背景

创新、协调、绿色、开放、共享的发展理念，集中体现了党的十八大以来我国的发展思路、发展方向和发展着力点。要实现更高质量、更加可持续的发展目标，绿色价值取向必将成为企业新的价值方向。2020年，习近平在第七十五届联合国大会上宣布，中国将力争2030年前实现碳达峰，2060年前实现碳中和。然而在我国现行的碳排放规模、行业结构、资源能源结构等因素的制约下，实现"双碳"目标势必意味着一场更为深刻的经济社会系统性变革，并非易事。企业作为实现"双碳"目标的关键主体，在这一过程中必将承担更多的时代重任。同时，社会经济发展的趋势也不断表明，那些决定着商业和公司长期、稳健的增长和发展的各种关键要素正在发生着变化。企业的战略决策不再仅围绕"产品""市场"等传统目标，企业与环境的和谐共生、企业对利益相关者诉求的回应、企业与社会的融合等非交易性质的因素对企业战略影响不断加大。

在当前国际石油市场动荡、疫情全球蔓延、世界经济下行的国际宏观经济背景下，中国石油作为国有重要骨干企业，兼具经济责任、政治责任和社会责任，不但要实现国有资产保值增值和质量效益发展，还要积极发挥稳定国内能源市场的作用，更要深入贯彻执行国家能源改革政策，承担起维护国家能源安全的重任。随着我国油气资源管理改革的持续深入，保障能源安全必要的储产量指标持续提高，叠加低油价下硬考核的效益指标压力不断加大，中国石油所面临的质量效益发展压力巨大。如何通过持续挖潜，不断增强企业的经济控制能力、影响能力和抵御风险的能力，最终实现企业提质增效的经营目标；如何在充满不确定因素的市场中实现可持续发展，是中国石油企业需要不断思考的难题。

企业经营目标的实现依托于员工，他们是企业的宝贵资源和财富。"圆桌会议"主席、摩根大通 CEO 杰米·戴蒙认为，现在有越来越多的大企业正转向投资他们的员工和社区，因为从长远来看，这是企业获得成功的唯一途径。很多已经意识到员工责任重要性的企业已经开始思考，如何健全完善员工权益与劳动生产率的同步增长机制；如何更有效地激励员工的工作热情和工作效率；如何通过提升员工积极性以促进企业效益及规模的扩大与增长；如何将员工的利益诉求与企业的价值目标相融合。员工已然成为企业战略的重要利益相关方，对员工权益的考量已经成为企业决策的重要影响因素。但从另一方面来看，员工责任的承担意味着企业资源的投入，会直接表现为具有高度成本黏性特征的人工成本。在成本、效益、产量的多重压力下，员工责任的承担无疑增加了中国石油降本增效的难度。

近年来，油品销售企业市场竞争压力巨大，销售能力提升和稳定市场份额的压力持续增加。随着"加油站3.0"建设实施，企业正积极打造"智慧加油站"和"无人便利店"。数字化转型顺应了市场变化趋势，为加油站经营理念和服务模式创新提供了有力支撑，但也在一定程度上冲击甚至直接威胁到基层员工的工作机会。因此，油品销售企业如何在巨大的成本压力下保证员工责任的履行，又如何通过员工责任的履行激发员工的积极性以促进企业绩效目标的实现，成为困扰油品销售企业管理人员的难题。

在上述种种现实背景之下，明确履行员工责任与油品销售企业绩效实现之间的影响机制，对企业正确认识员工责任的承担、缓解员工期望与企业成本之间的利益矛盾都有着重要的积极作用。

1.2 研究目的及意义

1.2.1 研究目的

在新发展理念的指引及高质量发展的目标导向之下，企业发展不再仅仅以追求短期利益为经营目标。企业履行社会责任，既是实现经济、环境、社会可持续发展的必由之路，也是实现企业自身可持续发展的必然选择。

作为重要的利益相关者，企业履行员工责任不但是企业应尽的义务，更可以作为企业提升自身价值的有效手段。与此同时，企业员工责任不再局限于基本的生计维持，更是扩展到提供福利计划、健康与安全的工作环境、个人成长的空间以及人文关怀等领域。积极履行员工责任，不断发掘和激活全体员工的潜力，调动全体员工的创造性精神和生产力，已经成为提升企业核心竞争力的重要渠道之一。

然而，员工责任的承担意味着企业大量的资源投入，意味着企业成本的不断攀升。当经济环境恶化时，企业人工成本又会表现出较高的成本黏性特征。相关因素叠加，履行员工责任所带来的巨大成本投入使企业倍感压力深重。在经济下行的整体压力下，如何缓解员工期望与企业降本之间的矛盾关系，如何提高相关资源投入的效益，是企业急需解决的现实问题。

本次研究在国内外相关文献和理论的指导下，经过实地访谈及调查，以员工感知为中介效应变量，构建了油品销售企业员工责任履行与企业绩效的理论模型。通过问卷调查获得一手数据资料，运用结构方程模型（SEM）完成假设验证。希望能够进一步明晰油品销售企业履行员工责任与企业绩效之间的影响路径及影响效果，为油品销售企业更好地履行员工责任进而实现更为高效的资源配置效果提供理论依据和实证支撑。

1.2.2 研究意义

（1）理论意义。首先，相关研究中以具体企业为研究对象的案例研究较少，多数学者从行业角度出发研究企业社会责任履行与企业绩效的关系。本次研究在深入基层调查研究的基础上，聚焦企业在履行员工责任中的投入困境问题，明晰了企业员工责任履行投入与企业绩效之间的影响机理及作用路径。

其次，本次研究在深入调研的基础上，打破了传统的员工责任维度划分方式，从员工视角将企业员工责任的履行划分为以货币形式履行的员工责任和以非货币形式履行的员工责任。这一划分方式看似简单，但却直接拉近了理论与现实的差距，使得企业员工责任履行的评价更具可操作性，拓宽了相关研究视角。

本次研究所得结论可以为油品销售企业认真履行员工责任进而改善企业绩效提供理论支持，并对今后企业改进履行员工责任的方式方法提供科学的思路引导。有助于相关行业企业正确认识员工责任履行，建立健全相关制度，也为今后有关成品油销售行业员工责任与企业绩效之间的关系研究提供有益的借鉴。

（2）实践意义。本次研究以油品销售企业为研究对象，通过现场走访等方式了解企业员工责任履行情况，运用 SEM 方法验证了相关理论假设，完成了对该企业履行员工责任对企业绩效影响的实证检验，回答了"企业履行员工责任是否与提升企业绩效背道而驰"以及"如何通过履行员工责任实现企业绩效的持续改进"这两个问题。所得研究结论对油品销售企业正确认识员工责任履行，提升员工责任履行效果，促进企业可持续发展有着积极的实践意义。

希望通过本次针对油品销售企业的个案研究，为同行业企业提供一定的参考和借鉴，促进相关企业积极承担员工责任，实现和谐健康发展。

1.3　国内外研究述评

在整理文献过程中，我们发现，直接以企业履行员工责任作为研究因变量的研究并不充分。多数学者主要关注企业整体社会责任履行与企业绩效的关系，员工责任履行只是研究中的一个维度。因此，本部分放宽了文献搜索的范围，并尽量从企业社会责任履行对企业绩效的影响研究中剥离出员工责任对企业绩效的影响效果。

1.3.1　国外研究现状

在全球范围内，对可持续发展问题的关注已经成为反映企业组织管理理念先进性的标准之一。企业承担社会责任的各种努力，反映了企业期望通过商业活动对其周围环境和各种利益相关者群体产生积极的影响。卡罗尔（Carroll，2015）指出，自20世纪90年代初以来，企业社会责任在全球范围内受到关注。伴随着现代技术的快速发展，许多企业将其视为应对全球化挑战的一种方式。洛萨诺（Lozano，2015）将企业承担社会责任的动机定义为内部驱动、连接驱动和外部驱动，具体包括商业战略、企业文化、风险管理、环境绩效要求、利益相关者要求、政府规制等。毛里西奥（Mauricio，2019）在梳理相关文献时发现，相关研究多以利益相关者理论为基础。他认为，这或许是因为企业社会责任的承担是为了满足各类利益相关者群体日益增长的期望。也就是说，企业社会责任承担行为是对利益相关者期望的一种响应。

在所有类型的企业社会责任文献中，最具争议性的问题之一是关于企业承担社会责任行为是否会影响企业绩效和企业价值。

贝纳布和蒂罗尔（Benabou and Tirole，2010）、巴伦（Baron，2007；2008）、法特米等（Fatemi et al.，2015）、阿尔伯克基等（Albuquerque et al.，2019）的理论分析都试图揭示企业较好的社会责任表现能够提高企业价值。相关影响机制可以被归为两个大类。其一，企业承担社会责任行为能够直接增加股东财富进而提升企业价值。这一直接影响又包括两种表现方式：①改善企业现金流。例如，消费者更愿意购买社会责任声誉高的企业生产的产品；社会声誉高的企业中员工表现得更积极、生产效率更高等。②降低企业资本成本。查瓦（Chava，2014）、吴和瑞扎伊（Ng and Rezaee，2015）的研究表明，社会责任表现差的企业需要承担更高的资本成本（Chava，2014；Ng and Rezaee，2015）。其二，企业社会责任行为通过实现股东效用最大化的方式提高企业价值。具体来说，股东效用不仅包括现金流带来的经济效用，还包含企业环境或社会产出带来的非经济效用。因此，投资者更愿意选择社会责任声誉高的企业，即便那些不履行社会责任的企业也能够带来同样的现金流回报。

众多的实证研究结果也证实了企业社会责任评级与企业财务绩效或企业价值之间存在正相关关系。叶卡塔等（Ekatah et al.，2011）对荷兰皇家壳牌公司的案例研究表明，财务绩效与企业社会责任参与之间存在积极且具有统计学意义的关系。博尔盖西等（Borghesi et al.，2016）的研究发现，KLD得分较高的企业也表现出较强的经营绩效以及更好的自由现金流状况。高和张（Gao and Zhang，2015）、费雷尔等（Ferrell et al.，2016）的研究都证实了企业社会责任评分与托宾 Q 值之间存在正相关关系。弗里德等（Friede et al.，2015）的一项研究显示，在管理、会计、金融和经济学等领域已经发表了超过 2000 篇实证学术研究。其中大约 90% 的研究发现企业社会责任与企业财务绩效是非负相关的。更重要的是，绝大多数研究报告了积极的结果。

也有学者认为企业社会责任行为会对企业绩效产生负向影响。奥普尔里等（Aupperle et al.，1985）的研究中指出，企业将资源配置在其他社会责任行为（例如，员工培训、环境保护、慈善事业等）上可能让自己在市场竞争中处于相对劣势，从而降低其竞争优势。迪朱莉和科斯托韦茨基（Di Giuli and Kostovetsky，2014）研究企业 KLD 得分与其收入增长之间的变化规律，没有发现显著的关联。但却发现企业社会责任得分的变化与 ROA 指标变化之间呈现显著的负相关。他们认为企业社会责任给利益相关者带来的任何好处都是以企业价值的直接损失为代价的，股价表现欠佳就是资本市场对企业社会责任行为的直接反映。并且从长期结果来看，企业承担社会责任将会导致企业未来股价表现欠佳以及 ROA 指标下滑。莫苏利斯和瑞萨（Masulis and Reza，2015）的研究发现，资本市场对企业慈善捐款行为表现出消极的反映，这说明企业的社会责任活动没有得到投资者的肯定。布坎南等（Buchanan et al.，2018）的研究发现，企业社会责任表现与托宾 Q 值之间存在显著的负向相关关系。他们认为，金融危机使得代理冲突被加剧，企业在社会责任方面的过度投资将导致社会责任表现突出企业的价值下降幅度更大。

汉弗莱等（Humphrey et al.，2012）对英国公司的研究结论表明，社会责任表现评级的高低与经过风险调整后的企业绩效表现没有显著关联。帕塔利等（Pätäri et al.，2014）的研究发现也认为企业社会责任履行与财务绩效之间没有因果关系。

企业社会责任报告向利益相关者提供了企业社会责任实践的全面信息，有助于消除信息不对称导致的决策偏差。随着时间的推移，企业社会责任报告工具不断演化，数量增加极快。然而，由于众多组织、机构各自独立地开展工作，这也使得企业社会责任报告工具的开发呈现出多样化的特征。有的报告工具是不区分行业的通用报告规范，有的仅适用于特定行业；有的包含社会、经济和环境三个维度，而有的仅关注一个维度。迪耶斯·卡纳梅洛等（Diez-Cañamero et al.，2020）的研究显示，报告工具的多样化增加了企业之间社会责任报告信息的不可比性，并且也使得从众多社会责任报告工具中做出恰当的选择成为一项复杂的工作（Diez-Cañamero et al.，2020）。在艾瑞克奈尔等（Ayokunle et al.，2021）对社会责任报告工具使用状况的研究中发现，虽然多数企业都同时使用多种 CSR 报告工具，但 GRI 工具是企业应用较为普遍的社会责任报告工具。许多研究一致认为，GRI 工具可以成为规范组织企业社会责任实践的机制（Alonso-Almeida et al.，2014；Vigneau et al.，2015）。在欧洲，政府对企业社会责任报告的规定通常要求使用 GRI 工具（Fortanier et al.，2011）。林（Lin，2015）等的研究指出，由于 GRI 工具被广泛接受，在规则制定机构和政府机构的支持下，GRI 工具很可能被强制用于企业社会责任报告。从组织学习的角度，社会责任报告的普遍运用有助于企业社会责任管理、实施和报告的知识传递（Nikolaeva et al.，2011）。在组织内部，GRI 工具的定期应用促进了员工对企业社会责任相关知识的获取、转移和整合，并通过调整其行为的方式影响企业绩效（维尼奥 Vigneau，2015）。

弗里曼（Freeman）作为"利益相关者理论"代表人物之一，将员工归于企业利益的间接受益者，并认为员工利益和企业经营目标相互作用、相互影响、相互依赖。良好的员企关系表现是企业健康、合法经营的要求，满足员工多层次的需求将带来更好的财务绩效。弗里曼（1984）关于利益相关者与企业利益关系的大量著述可以作为研究员工责任与公司绩效之间正相关关系的基础。克拉克森（Clarkson，1995）基于利益相关者模型，提出了一个多级的企业社会业绩评价体系。其中，员工是一级指标，其下设置了一般原则；二级指标共20个，分别为：福利、薪酬和奖励；培训和开发；职业规划；员工援助计划；健康提升；缺勤率和流动率；休假；工会关系；解雇和上诉；终止、裁员和冗余；退休和终止咨询；员工公平和歧视；女性管理者；日托及家庭住宿；员工交流；职业健康与安全；兼职、临时工和合同工；其他雇员及人力资源事务。图尔班和葛瑞宁（Turban and Greening，1996）认为，积极履行员工社会责任的企业更受员工的青睐，且会为企业赢得较好的声誉、优秀的人才和更高的企业效益。随着研究的深入，对企业社会责任和人力资源管理联系的研究和实践的关注也在不断增加。由于组织形式的变化、用工方式的多样化，工会组织在保护员工权益方面的权利在逐步下降，而利益相关者主导下的企业社会责任履行则成为工会权利消解的有效替代机制（Matten and Moon，2008；Preuss et al.，2009）。巴塔查里亚（Bhattacharya et al.，2008）等的研究认为企业的社会责任声誉和实践可以用来吸引、留住和激励员工，帮助企业赢得人才之战。

由于传统能源产品在开采、供应、消费等环节都会对环境产生不利影响，能源行业企业的社会责任问题历来备受关注。在全球能源转型背景下，能源企业需要充分响应社会期望、各级组织的相关规范框架以及可持续发展目标（SDGs）等国际倡议和协议，以维持其相关经营资质，维护企业声誉，稳定在各种排名中的企业地位（Bolton，2011）保持企业竞争力（Dong and Xu，2016），并通过企业文化留住和吸引有才华的员工（Raman，2018）。博尔顿等（Bolton et al.，2011）以及拉曼（Raman，2018）的研究都指出，当企业文化中传递出较强的企业社会责任理念时，有助于企业吸引并留住人才。罗克和德洛贝（Roeck and Delobbe，2012）的研究也表明，对存在较多争议的核能、化石能源企业来说，能源企业的社会责任表现有助于强化员工组织承诺。叶卡塔等（Ekatah et al.，2011）、恩哥松（Ngoasong，2014）的研究都认为，能源企业承担社会责任的主要目的在于实现改善工作环境、促进员工发展、保障薪酬竞争力并保证员工民主权利等目标，从而形成有利的企业文化。

1.3.2　国内研究现状

国内关于社会责任的研究虽然起步较晚，但在学习引进阶段完成之后，我国学者们基于中国情境，开展了众多具体研究。本部分主要对两方面的内容进行了研究梳理：一是梳理国内研究中对员工责任的衡量指标；二是梳理国内相关研究对企业承担社会责任对企业财务绩效的影响研究。

1.3.2.1 关于企业履行员工责任的衡量研究

科学地进行企业履行员工责任的衡量，是相关研究开展的基础性工作。在借鉴国外研究的基础之上，我国学者依据国情及企业改革现状，不断改进相关技术方法，确保相关领域研究质量。

在何显富等（2010）开发的符合我国文化背景的企业社会责任量表中，员工责任维度的测量题项共有 7 个，分别是：管理过程中首先考虑员工的需求和期望、与员工有关的管理决策都是公平的、为所有员工提供了平等的机会、实行灵活的政策、使员工工作与生活得到平衡、鼓励员工技能及职业发展和为员工提供合理的工资待遇。

在润灵 MCTi2012 版评价体系中，衡量企业员工责任承担的内容归属于劳工与人权指标主题，设置 C4 ~ C10 具体指标。具体为，C4：雇用与雇用关系信息，包括雇员基本构成、雇用合规、各类雇用关系组成等信息；C5：员工职业成长信息，包括公司投资于雇员个人知识和技能提高以提升雇员职业发展能力等信息；C6：职业健康与安全信息，包括公司识别及控制职业安全和健康的风险因素，在雇员安全、健康等领域制定相关制度，提供安全保护设施等信息；C7：人权保障信息，包括公司在雇员同工同酬、杜绝童工和强制劳动、处理申诉等信息；C8：工作条件与社会保障信息，包括公司在员工薪酬、假期、福利及特殊员工关爱领域的信息披露；C9：社会对话与关爱信息，包括公司工会或职代会，关注员工幸福程度（娱乐活动、家属关爱、满意度调查等）活动等信息；C10：责任教育信息，包括公司引入有关可持续发展知识情况，进行可持续发展培训情况等信息。

有学者以财务报表数据衡量企业所承担的员工责任。沈洪涛（2005）在其研究中设计了利益相关者业绩评价指标体系，其中员工方面的评价指标为工资福利率和工资福利增长率。温素彬、方苑（2008）的研究以支付给职工以及为职工支付的现金占当期主营业务收入的百分比衡量企业对员工的责任。丁栋虹、陈学猛（2013）在实证研究中以员工薪酬在营业收入的占比衡量企业员工责任。关峻、陈晓飞（2014）在实证研究中以支付给职工以及为职工支付的现金占当期净利润的百分比衡量企业员工责任。臧红敏等（2016）的研究将企业员工社会责任定义为企业对员工的经济责任（即员工工资福利待遇）、法律责任（即保障员工劳动条件和合法权益）、道德责任（即员工素质和身心健康、鼓励员工个性发展）、慈善责任（即对员工捐款、捐物以及提供服务等其他形式）等四个维度。但在实证过程中，研究涉及企业对员工经济责任维度。即以支付给员工以及为员工支付的现金占营业收入的百分比来衡量企业员工社会责任。这一做法的优势在于财报数据是公开的，研究数据的可获得性能够得到保证。但是这一做法显然忽视了员工关爱、员工培训等未在财报中直接披露的信息内容，对企业员工责任承担的衡量是不完整的。

在企业社会责任的早期研究阶段，关于社会责任承担对企业绩效的影响研究中，员工责任通常仅仅是企业社会责任承担的一个维度，对员工责任的衡量则通过子维度或具体题项来完成。李正（2006）的企业社会责任指标体系中，员工问题是一级指标，其下设置员工的健康和安全、培训员工、员工业绩考核和员工其他福利4个二级指标。沈志渔等（2008）为国有企业构建的社会责任体系中，按利益相关者分类设置了包括员工在内的8个一级指标。具体到员工责任又包括：①确保员工工资福利待遇；②改善劳动条件、积极预防职业病；③设立职业生涯管理和学习培训制度，促进员工素质和能力提升；④构建和谐企业文化。刘建秋、宋献中（2011）把企业社会责任内部结构维度分为政府责任、员工责任、顾客责任、环境责任和慈善责任5个方面。问卷中以员工待遇、工作环境和员工发展3个指标衡量企业员工责任。

随着研究的不断深入，研究视角更加多元化，直接针对员工责任与企业绩效的关系展开的实证研究也越来越多。

郝云宏、汪月红（2008）将企业员工责任分成经济责任、法律责任、伦理责任和慈善责任4个维度。其中经济责任包括企业对员工的工资、福利、三贴等；法律责任包括加班情况及劳动合同法规定；伦理责任包括企业对员工的教育与培训、企业对员工职业生涯的规划、给予员工施展才能的空间等；慈善责任则包括企业对全体员工的公益、对弱势群体的捐助及对退休员工的关注。

初智巍（2012）以黑龙江 H 高新技术企业为具体研究对象，通过问卷方式调查了该企业履行员工社会责任的状况。研究将企业对员工承担的社会责任分为经济责任（薪酬福利、加班费状况）、法律责任（劳动合同及劳动保护权、工作环境、歧视侮辱）和道德责任（员工培训、职业生涯规划、工作环境与工作氛围的舒适度）3 个维度。

赵芸、李常洪（2014）以员工责任绩效概念衡量企业员工责任履行状况。具体来说，员工责任绩效由员工生存状况和员工发展状况两个一级指标衡量。员工生存状况细分为工资福利率、单位员工利润率和劳动生产率；员工发展状况细分为培训支出率和工资增长率。

彭荷芳、陆玉梅（2014）针对民营企业开展的实证研究中，将员工社会责任分为薪酬责任、法律责任、道德责任和仁慈责任 4 个维度。员工社会责任表现量表部分参考了克拉克森（Clarkson，1995）所制定的 RDAP 量表，在量表中共 16 个题项。彭荷芳、陆玉梅（2015）在实证研究中对企业员工社会责任的衡量通过 4 个维度，即生理需求责任（4 个题项）、安全需求责任（5 个题项）、社会需求责任（4 个题项）和自我实现需求责任（2 个题项）。彭荷芳、周健颖、陆玉梅（2016）对江苏省民营企业的实证研究中，将员工社会责任的衡量归为两个因子：基础需要责任（9 个题项）和成长需要责任（5 个题项）。

何奎（2017）的研究采用卡罗尔的四维度衡量企业员工责任，具体包括 14 个题项："企业依法与员工签订劳动合同""企业能够按照国家规定的节假日安排作息时间，如有加班给予合理加班费""企业为员工缴纳社会保险费用""提供安全和舒适的工作环境""提供公平、合理的薪酬""按时发放工资，不无故克扣工资""企业根据员工工作表现和成绩发放奖金""定期为员工体检""提供公平的职业培训或者培训机会""协助员工制定职业生涯规划""有良好的内部晋升机制""对生活上有困难的员工给予特别的帮助""关心退休员工的生活和心理状况""注重全体员工的公共利益"。

吴芳和张岩（2021）对员工责任进行 3 个维度的衡量：①员工绩效，包括职工人均收入和员工培训两个子维度；②员工安全，包括安全检查和安全培训两个子维度；③关爱员工，包括慰问意识、慰问人和慰问金3个子维度。

1.3.2.2 企业履行员工责任与企业绩效关系的相关研究介绍

以下将从理论基础、研究视角、研究对象、研究方法及研究结论等5个方面对国内相关研究进行梳理。

对企业履行员工责任的分析基本都是建立在利益相关者视角下的社会责任理论基础之上的，但在实证研究中，我国学者的基础理论选择也表现出多样性。丁栋虹、陈学猛（2013）从新古典经济学和利益相关者理论出发，提出社会责任与公司绩效之间存在曲线关系。陆玉梅等（2016）以博弈论中的委托代理模型研究了团队协作效应下企业员工责任投入对知识型员工团队激励机制的影响。彭荷芳、周健颖、陆玉梅（2016）以制度理论为基础，构建了"制度压力—员工社会责任行为—企业绩效"的实证分析模型。黄俊等（2016）以社会认知理论为基础，探究了企业员工责任对员工创新行为的作用机理。俞欣等（2018）的研究运用计划行为理论，探究民营企业的管理者对履行企业员工社会责任从决策到实施行为过程中所受到的影响因素。吴芳、张岩（2021）基于工具性利益相关者理论，从持续投入、知识分享与创新氛围3个方面分析员工责任与企业创新绩效的关系。

研究视角呈现出多样化的表现。赵芸、李常洪（2014）进行了不同行业之间的比较研究，发现不同行业员工的责任绩效具有显著差异性。周浩、汤丽荣（2015）从市场竞争压力的角度切入企业员工社会责任的承担，并发现激烈的市场竞争压力不利于企业履行员工社会责任。陆玉梅等（2016）从团队协作的视角，分析了团队规模、员工风险成本因子等影响因素与员工责任投入以及企业经济效益的关系。赵存丽（2013）、臧红敏等（2016）的研究基于国有企业与民营企业比较的视角展开。黄俊等（2016）从员工感知视角，讨论员工感知的企业员工责任履行对员工创新行为的作用机理。霍远、王维（2021）关注了企业社会责任履行水平对其盈余持续性的影响机制。

在研究对象上，围绕上市公司的研究为数不少（丁栋虹，陈学猛，2013；

赵芸，李常洪，2014；吴芳，张岩，2021；徐鹏，2021）。初智巍（2012）的研究以黑龙江省 H 高新技术企业为具体研究对象。关峻、陈晓飞（2014）的实证研究对象为 90 家医药上市公司。黄俊等（2016）以食品企业为研究对象。臧红敏等（2016）的研究关注东北地区制造企业，表现出一定的地域研究特色。而陆玉梅教授团队的相关研究主要关注江苏省民营企业员工社会责任履行对企业绩效的影响问题（彭荷芳，陆玉梅，2014；彭荷芳，陆玉梅，2015；彭荷芳等，2016；俞欣等，2018）。蔡阳（2018）选择以江苏省上市公司为研究对象。何奎（2018）的研究对象为锦州地区 25 家企业。董雪（2018）以中国保险行业 54 家保险公司为研究对象。张宏等（2019）、郑赤建等（2019）均是以互联网企业作为研究对象。

在研究方法上，早期研究多采用回归分析（郝云宏，汪月红，2008；杨自业，尹开国，2009；丁栋虹，陈学猛，2013；赵芸，李常洪，2014；周浩，汤丽荣，2015；彭荷芳，陆玉梅，2015；臧红敏等，2016）。随着问卷调查法成为研究数据的主流获取方式，运用问卷数据进行的实证分析多采用结构方程模型（刘建秋，宋献中，2011；彭荷芳，周健颖，陆玉梅，2016；俞欣等，2018）。除此之外，关峻、陈晓飞（2014）的研究构架了基于 DEA 的加权灰色关联度评价法。在 2021 年发表的研究成果中，霍远、王维（2021）的研究获得 18591 个样本、徐鹏（2021）的研究获得 16722 个样本，如此大样本的研究均采用 STATA 软件完成了模型的回归分析。

相关研究的结论大体可以被分为正相关、负相关、无相关和混合相关四种。

（1）员工责任履行与企业绩效呈现正相关。杨自业、尹开国（2009）的实证研究结果显示，A 股上市公司的社会责任表现与其财务绩效之间显著正相关，但其中员工责任行为与上市公司财务绩效呈现不显著的正相关关系。

丁栋虹、陈学猛（2013）的实证研究结果显示，不同社会责任与公司绩效关系不同。其中，履行员工责任与企业绩效显著正相关。

赵芸、李常洪（2014）以员工责任绩效概念衡量企业员工责任履行状况。研究发现虽然不同行业之间员工的责任绩效具有显著差异性，但对于不同行业，员工责任绩效与企业经济绩效之间都呈现显著正相关的关系。

陆玉梅教授团队针对江苏省民营企业的一系列实证研究，都证实了员工社会责任行为对企业绩效存在显著的正向影响作用（彭荷芳，陆玉梅，2014；彭荷芳，周健颖，陆玉梅，2016；俞欣，郑宝云，陆玉梅，2018）。

郑赤建、张慢慢、胡培培（2019）的研究表明，互联网企业员工责任对新生代知识型员工工作绩效有正向且显著的影响，并且组织承诺在其中起完全中介作用。

谭润、林文其、章喜为（2019）选择对娄底分行履行员工责任前后的企业形象和业务价值进行比较分析表明，企业履行员工责任能够降低员工离职率，提高企业获益能力和永续发展能力，促进企业长远发展。

吴芳和张岩（2021）的实证研究结果表明，善待员工的企业具有更高的创新绩效。并且与国有企业相比，非国有企业员工责任对企业创新绩效的影响更为显著。

（2）员工责任履行与企业绩效呈现负相关。员工责任与企业绩效的负相关关系表明，企业履行员工责任带来的企业效益在短期内不足以弥补企业履行员工责任带来的企业经营成本的上升，会造成企业利润的降低，对企业绩效提升产生阻碍作用。

在国有企业与民营企业的相关比较研究中，国有企业员工责任履行与企业绩效呈现负相关关系得到证实。赵存丽（2013）的研究将企业社会责任分为 5 个维度，其中利益相关者维度的三级指标中包含员工人数、培训投入、员工薪酬等体现员工责任的内容。其实证研究结果表明，民营企业的利益相关者责任与其财务绩效正相关；国有企业的利益相关者责任与其财务绩效负相关。

（3）员工责任履行与企业绩效无相关关系。刘建秋、宋献中（2011）的研究把企业社会责任内部结构维度分为政府责任、员工责任、顾客责任、环境责任和慈善责任五个方面。研究结果显示，社会责任各维度对企业价值的影响具有差异性，整体社会责任与企业价值的相关性得到证实。具体到员工责任维度中，其对企业价值没有显著影响。

蔡阳（2018）以和讯网的数据为基础，以江苏省上市公司为研究对象，分别从股东责任、员工责任、供应商、客户和消费者权益责任、环境责任和社会责任五个方面提出研究假设。实证结果发现江苏省上市公司履行员工责任与财务绩效不相关。

张宏、范祎丽、叶敏（2019）以我国 A 股上市互联网企业为研究对象，研究其对股东、员工、消费者、供应商与政府的社会责任与财务绩效之间的关系。实证结果表明，员工责任履行对企业财务绩效无显著影响。

（4）员工责任履行与企业绩效呈现混合状态。郝云宏、汪月红（2008）的研究发现，企业对员工的经济责任同时影响了企业的财务绩效和非财务绩效，并且其作用途径是直接影响。但相比而言，其对企业财务绩效的影响程度更甚。然而，企业对员工的伦理责任和慈善责任对企业的非财务绩效有影响，而对企业的财务绩效未发现有显著影响。

关峻、陈晓飞（2014）针对医药上市公司的实证研究结果显示，企业社会责任的履行情况对企业水平绩效和发展绩效的影响机制存在差异。具体来说，企业对员工的责任履行对水平绩效有负向影响，对发展绩效有正向影响。

臧红敏等（2016）通过东北地区制造业上市公司数据对企业技术创新绩效、财务绩效与企业履行员工社会责任关系展开实证研究，并对国有企业和民营企业分别进行探讨。结果显示，国有企业技术创新绩效对履行员工社会责任具有负向作用；对于民营企业，企业技术创新绩效对履行员工社会责任有正向作用；企业规模与履行员工社会责任情况负相关，且国有企业比民营企业能更好地履行员工社会责任。

董雪（2018）针对中国保险行业 54 家公司的研究显示，人身险公司承担对股东、员工、客户以及政府的社会责任，会对经营业绩产生正向影响，但员工社会责任的影响具有滞后性；财产险公司承担对员工的社会责任会对经营业绩产生不显著的正向影响，且这种影响具有滞后性。

1.3.3　文献述评

在众多学者开展的企业履行员工社会责任与企业绩效之间关系的研究中，理论基础不同，研究视角多样化，研究对象各有特点，研究方法以及具体的研究变量各不相同，因此研究结论也并不统一。最普遍的差异体现在相关研究变量的选择上。为了体现研究对象的行业特点或经营特征，研究变量测量题项或衡量指标的设置存在极大的差异。就研究方法来看，采用问卷调查收集数据，以结构方程模型完成相关假设检验，是近年来较为常见的做法。从研究对象上看，围绕上市公司展开的研究占实证研究的大多数；针对特定行业的研究不够丰富；针对特定行业企业的研究更是亟待补充。因此，本次研究将充分借鉴已有研究成果，更加科学地选择研究变量及其测量题项，以期丰富相关研究。

1.4 研究内容及方法

1.4.1 研究内容

为了实现研究目标，本次研究主要包括以下内容：

第1章：绪论。绪论是文章的整体引入介绍，主要阐述本次研究的研究背景、研究目的及研究意义；详细梳理国内外相关研究的研究方法、研究思路及研究结论，了解研究动态，掌握研究前沿；简要介绍本次研究的内容及方法，研究设计及主要的创新点。

第2章：社会责任理论及其在我国的发展。社会责任理论是本次研究的理论基础。首先，本章介绍了社会责任理论的演进历程；其次，介绍在理论发展过程中不断升级改进的典型技术方法；再次，各类组织所发布的倡议文件是推动社会责任发展的重要外部因素。本次研究整理了 ISO 26000 指南、GRI 可持续发展报告标准及我国的 GB/T 36000—2015、GB/T 36001—2015 和 GB/T 36002—2015 等具有国际影响力及约束力的相关标准；最后，介绍了企业社会责任在我国的推进历程。

第3章：详细梳理了中国石油自 2006 年以来发布的社会责任报告，主要介绍了中国石油社会责任观的演进、具体履行实践、社会责任信息披露等内容。

第4章：油品销售企业履行员工责任的概述及绩效影响理论模型构建。本部分首先介绍了油品销售企业近年来员工责任履行的状况；其次在大量文献分析的支撑之下，根据企业实际，设置研究变量并完成调查问卷的题项开发，提出研究假设，完成了履行员工责任影响油品销售企业绩效的理论模型构建。

第 5 章：问卷检验与研究数据收集。首先进行问卷预试并借助 SPSS 24.0，以 100 份预试数据完成了问卷的信效度检验；其次进行问卷的正式发放，完成了研究数据的收集及描述性统计，并采用区别分析的方法对研究数据进行了初步分析。

第 6 章：履行员工责任对企业绩效影响的实证分析。本部分以结构方程模型为具体方法，实证检验了油品销售企业员工责任履行对企业绩效的影响。通过运用 AMOS 24.0 对 521 份问卷数据的结构方程模型分析，并通过模型拟合检验和模型路径分析完成对理论模型的初步检验和修正。最后，对假设检验结果进行分析，确定了油品销售企业履行员工责任对企业绩效的具体影响路径和影响效果。

第 7 章：油品销售企业绩效改善对策建议。本部分依据油品销售企业的实际情况，结合前文实证研究获得的研究结论，为企业强化责任履行，提升企业绩效给出了切实可行的对策建议。

第 8 章：结论。阐述了本研究的主要结论。

1.4.2　研究方法

本次研究在基础研究阶段梳理了大量既有研究文献，保证了本次研究的合理性、科学性和先进性。在调查数据的获取上采用问卷调查的方法，并通过问卷数据分析完成了对本次调查研究数据的基础描述。本次研究的实证过程采用结构方程模型的方法。

（1）文献研究方法。文献研究方法泛指学术研究者针对各种相关学术文献课题，通过进行搜集、鉴定、总结、整理、归纳等各个方面的科学研究，并通过对各种相关学术文献的搜集分析进行归纳，分析得出一种有效的正确对待相关研究课题的重要科学实践意义。本次研究中对文献研究法的应用主要体现在前 4 章。在第 1 章中，通过整理国内外关于员工责任与企业绩效相关文献的研究成果，对现有研究的方案设计、研究方法及研究结论等内容形成了较为充分的认识；在第 2 章中，通过整理、归纳相关文献资料的基础上对社会责任理论的演进、相关技术方法及倡议文件进行深入阐述，并简要介绍了社会责任理论在我国的发展历程；在第 3 章中，在深入研读中国石油15 份社会责任报告的基础上，详细梳理了中国石油的社会责任履行状况，对中国石油社会责任履行有了更进一步的认识；在第 4 章中，在文献分析和理论分析的基础上，对研究变量的选择进行了深入阐述，并对员工责任与企业绩效的关系提出了相应的研究假设。

（2）问卷调查分析法。问卷调查分析法在国内外的社会调查中被普遍采用。它主要指研究人员通过控制测量和度量数据来分析和收集可靠性数据的一种技术和手段。问卷调查分析可以采取一对一发放问卷或者针对特定群体分发问卷等形式。一般而言，问卷比访谈表的调查内容要求更为细化、完整以及易于管理，因为问卷调查方法就是以自己设计完整、充分的问卷工具为基础进行调查。本研究第 4 章，在完成大量文献梳理的基础上，提出研究逻辑，并通过实地调查、访谈等方式最终完成调查问卷的题项设计。其中，与被调查企业的员工与管理者的访谈内容都围绕企业员工责任以及油品销售公司当前企业经营状况和存在问题的分析等问题展开。第 5 章中利用预试问卷数据完成了对设计问卷的相关检验。本研究利用问卷星平台完成了正式调查，并在第 5 章对正式调研获取的数据进行了基本的描述性统计分析和基本分组分析。

（3）结构方程模型方法。结构方程模型是目前定量研究中核心统计方法之一。它既包括了因子分析的技术，又同时包含了一种线性模型的回归分析统计技术，可以广泛应用于对各类因果模型的概念进行模型辨识、模型估计和模型验证。在多变量的统计理论方法中，越来越多的专家和学者们利用结构方程模型对其进行了各种测量模型或者假设模型图的验证。在社会责任研究相关领域，由于相关研究变量大多无法直接衡量，结构方程模型方法逐渐成为主流研究方法。本次研究通过对大量文献资料的收集整理，设计了相关研究变量；通过 SPSS 24.0 完成了相应的信效度分析之后，构建了结构方程模型的理论模型；利用 AMOS 24.0 统计软件对调查数据资料进行了路径分析，验证本书所提出的假设，为结论提供实证支持。

1.5 技术路线与创新点

1.5.1 技术路线

本书技术路线如图 1 – 1 所示。

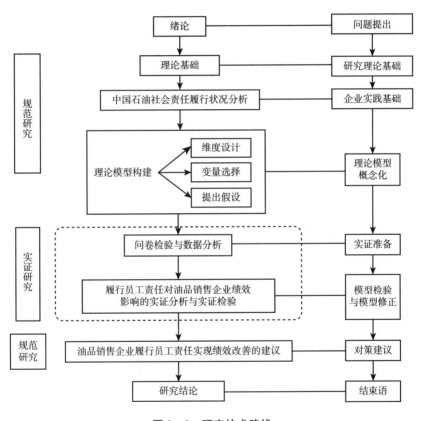

图 1 – 1 研究技术路线

由图 1 – 1 可以看出，本次研究采用"规范研究——实证研究——规范研究"的研究范式。通过规范研究与实证研究的结合，突出研究的理论及现实指导意义。在研究内容的安排上，遵循"问题提出——理论基础及实践分析——构建理论模型——实证检验及分析——对策建议"的研究路线。

1.5.2   创新点

在履行员工责任与企业绩效两者关系已有的研究中，近年来应用性研究逐渐增多，但是对油品销售企业的案例研究并不多见。

在已有的研究中，国内外学者对员工责任的划分大多沿袭两种思路：一是按具体内容划分为薪酬福利、健康与安全、学习与成长和人文关怀等；二是按内涵划分为法律责任、伦理责任、经济责任和慈善责任四个维度。但是在本次研究中，我们通过深入访谈，结合油品销售企业员工对企业履行员工责任的感知，创新性地将员工责任划分为货币形式员工责任与非货币形式员工责任。希望能为以后相关题材的深入研究提供有益的探索。

| 第 2 章 |

社会责任理论及其在我国的发展

2.1　论战中演进的社会责任理论

虽然社会责任思想的起源最早可以追溯至古希腊时代，但在企业还没有成为社会经济活动的主要组织形式的年代里，人们主要关注的是公民个人的社会责任。当依托大工业时代而发展崛起的现代企业逐步成为推动社会进步的主导力量后，企业与社会的关系在冲突中被不断调整，企业社会责任问题日益成为人们关注的焦点问题。

在社会责任思想早期演进过程中，发生过两次最集中和最有影响力的争论。一次是伯利（Berle）与多德（Dodd）关于管理者受托责任的论战；另一次是伯利与曼尼（Manne）之间关于现代公司作用的论战（沈洪涛，沈艺峰，2007）。然而这两次论战有着显著的区别，伯利与多德的基本立场是一致的，都认为企业是应该承担社会责任的社会组织。其争论的焦点仅在于如何建立有效的、可控的执行机制。而曼尼则是站在完全不同的立场上，认为企业只是一种经济组织，企业社会责任是对自由市场的危害。弗里德曼（Friedman）是企业社会责任思想的批判者中最有代表性和影响力的学者。他对企业社会责任的批评主要依据三个观点：一是企业是归属于股东的；二是企业的经营目标是利润最大化；三是企业管理者仅是受股东委托的代理人。因此，弗里德曼认为企业社会责任的观点从根本上违背了自由经济的特点和性质，损害了自由社会的基础。

自 1953 年鲍恩（Bowen）首次明确提出现代企业社会责任（corporate social responsibility，CSR）概念以来，关于这一概念的争论就没有停止过，但这并没有妨碍企业社会责任思想的流行。卡罗尔（Carroll，1999）对鲍恩所提出的企业社会责任概念给予很高的评价，并将鲍恩推崇为"企业社会责任之父"。

在企业社会责任思想的发展过程中，非政府机构也起到了积极的推动作用。美国经济发展委员会（CED）将企业社会责任定义为三个同心圆：内层是范围清晰的经济责任，包括产品、就业机会等；中间一层将经济责任与社会价值观相结合，包括环境问题、员工关系等；外层涉及更为广泛的社会环境活动，如贫穷、城市问题等（沈洪涛，沈艺峰，2007）。

伴随着国际贸易、消费者保护主义以及环境保护运动的兴起，企业不断修正相关政策，调整自身与外部环境的关系，积极回应多元化主体对企业社会责任承担的要求。卡罗尔（1979）将企业社会责任解构为经济责任、法律责任、伦理责任和自愿责任。其中，经济责任是指企业必须负有经营获利及满足消费者需求的责任；法律责任是指企业必须在法律框架内履行其经济责任；伦理责任是指企业必须符合社会准则、规范和价值观；自愿责任是指企业应具有慈爱之心，行慈爱之举。更进一步地，卡罗尔对各部分赋予不同的权重，构建起企业社会责任分析的金字塔模型。这一模型被广泛引用，对后续研究意义重大。

20 世纪 90 年代以来，企业社会责任与利益相关者理论相融合，后者成为支撑企业社会责任分析的基本理论框架。企业社会责任理论借用利益相关者的概念进一步明确了企业社会责任的范围及内容，并发展出利益相关者视角下的企业社会责任评价框架体系，催生出大量相关实证研究。

近年来，可持续发展理念逐渐成为全球共识。2012 年，联合国可持续发展大会发布里约宣言，与会的各国代表和国际组织在里约宣言中重申对可持续发展的承诺，以确保当代人和后代人能够拥有在经济、社会和环境上可持续发展的未来。在可持续发展理念的驱动下，企业承担社会责任的功能目标实现了与可持续发展目标的契合。企业能否持续发展，既取决于企业经营自身的成本效益，也取决于企业经营派生的社会成本效益（经济学上的外部性）。在这一背景下，企业社会责任承担已成为企业经营活动和战略的核心内容。

随着社会责任承担对企业活动的全面重塑，如何规范地向各类利益相关者传递相关信息，帮助企业主动规避相关风险，逐渐成为各类国际组织和资本市场关注的重点。

2.2　企业社会责任的测量与评价

由于理论发展中迟迟未能就核心概念进行清晰的、统一的界定，也就直接导致关于企业社会责任的衡量成为一个更加复杂的问题。斯特兰德（Strand，1983）曾经指出，衡量公司社会责任的任务由于方向和概念上的含糊与冲突变得更加困难。虽然目前尚缺乏全球公认的企业社会责任评价标准，但是众多学者已经进行了积极的探索。在企业社会责任评价工具的开发过程中，早期的代表性工具包括声誉指数法及内容分析法，随后 KLD 公司开发的 KLD 指数成为获得广泛认可的企业社会责任评价指数。在信息技术和数字技术的发展推动下，众多研究机构纷纷推出自己的评价数据库。随着相关研究的深入开展，国内外学者们依据研究主题具体设计了多种社会责任量表以满足研究需要。以下将介绍具有代表性的社会责任测量与评价方法、相关数据库及相关量表。

2.2.1　基于声誉的打分法

声誉指数法是较早出现的衡量企业社会责任的常用方法之一，是由专家通过对企业社会责任方面的相关政策及其行动进行主观评价后得出公司声誉的排序结果。这一方法虽然能够保证评价的一致性，满足不同公司之间横向比较的要求，但其过度依赖专家主观判断的做法也降低了评价的客观性，并且由于无法开展大样本研究，因此这一方法所得研究结论通常不具备普遍性。

由财富杂志推出的声誉评级法可以被认为是声誉指数法的进一步发展。

财富杂志对超过 32 个行业中的 300 家大公司开展调查，由超过 8000 名企业高管、外部董事和分析师，从管理质量、产品服务质量、创新、资产使用、长期投资价值、财务稳健性、人力资源管理及社区和环境责任共 8 个方面进行评分，最后再得出一个总的评级。声誉评级法提供的数据具有可比性，并且评价人员数量众多、素质良好，在一定程度上弥补了声誉指数法的不足。麦圭尔（McGuire，1988）等的研究中都使用了声誉评级法。但这一方法仍然存在对社会责任的内容和边界界定不清、指标之间存在高度相关性，并且有可能出现总体评分不错但在某个方面却表现极差的情况。

美国公共管理协会自 20 世纪 80 年代末在全面分析 500 多家大公司的捐赠情况的基础上，推出了"慷慨指数"，以此对公司社会责任表现进行评级。这一做法虽然克服了评价的主观性缺陷，但却存在以偏概全的不足，即仅以企业的捐赠行为代表企业的社会责任表现是不够的。

2.2.2　内容分析法

内容分析法是通过分析企业已公开的各类报告或文件来确定每一个特定项目的得分状况，然后得出对企业社会责任的评价。其基本做法是，将报告或文件中的相关信息项目进行分类，进而转化为定量的数据。鲍曼和海尔（Bowman and Haire，1975）对 82 家美国食品公司 1973 年的年度报告进行分析，将年度报告中关于企业社会责任的内容篇幅作为其社会参与度的衡量标准。相较于专家打分法，内容分析法较为客观，也可以进行较大样本的分析，分析数据公开可靠。但是，内容分析法在应用时也有缺陷，主要表现为其数据计量是根据报告的表述而并非真实的行动，并且其数据可能受到企业信息披露习惯的影响。

2.2.3　多米尼 400 社会指数

多米尼 400 社会指数（KLD 指数）是美国第一个以社会性与环境性议题为筛选准则的指数，也是社会责任评价领域应用较为广泛、较有影响力的测评工具。这一指数由金德（Kinder）、利登堡（Lydenberg）和多米尼（Domoni）

三位创始人于 1990 年 5 月创立并将其推向资本市场。作为首只以企业的社会责任表现作为主要评估与筛选依据的基准指数，它的诞生标志着社会责任投资的理念开始在主流投资活动中产生影响。该指数的基本理念是：通过向资本市场提供企业承担社会责任的相关评价，引导资本市场主体和潜在投资者关注社会责任投资，最终影响企业行为进而促进可持续发展。这一基本理念直接影响了 KLD 的评级方法，其忽视评级结果与传统财务指标相整合的做法，也为 20 多年后美国明晟公司（Morgan Stanley Capital International，MSCI）在资本市场上放弃 KLD 评估方法埋下了伏笔。

KLD 指数是较早使用多指标体系进行企业社会责任评估的体系。这一体系最初有 8 个评估维度：社区关系、雇员关系、环境、产品、对待女性与少数族裔、军火贸易、核武器、是否涉足南非事务。前 5 个维度采用评分模式，后 3 个维度为筛选模式。这一评估体系既保留了道德投资的负面筛选策略，又可以对企业的社会责任表现进行量化评估。但是不可避免的情况是争议行业中的企业得分均不高。这使得 KLD 评价体系从构建伊始就与传统财务分析评价体系难以结合。

随着南非种族隔离制度的结束，KLD 删去了"是否涉足南非事务"的评估维度。进入 21 世纪，KLD 将原有 7 个维度的内容调整为：环境、社区、公司治理、多样性、员工关系、人权以及产品质量与安全。同时还设置了 6 个争议性商业主题：酒精、赌博、烟草、军事武器、军队、核武器。不难看出，前 7 个维度具有普遍性，而 6 个争议性商业主题只与特定行业或企业相关。因此在后续评价时，通常仅使用一个判定变量来表示企业是否涉足这些争议性商业主题。

在信息技术快速发展的有效支撑下，KLD 公司不断完善社会责任评估流程，建立包含公司、媒体、公开资料、政府和 NGO 组织以及国际同行等的信息库，KLD 指数的全球影响力日益显著。2006 年，联合国支持的责任投资原则组织发布了责任投资原则（PRI），ESG 投资理念由此开始被广泛研究和运用。相应地，KLD 公司也将自己的指标体系更新为 ESG 框架。其评价主题具体包括：环境领域（E）中气候变化、环境友好型产品与服务、环境友好型运营与管理；社会领域（S）中社区、多元性、员工关系、人权、产品安全与责任；治理领域（G）中治理报告和治理结构。KLD 评估体系中的很多指标至今仍出现在国际主流 ESG 评级机构的指标体系中。

2010 年 5 月，全球知名指数服务商 MSCI 间接收购了 KLD 公司并将多米尼 400 社会指数更名为"MSCI KLD400 社会指数"。虽然该指数名称上仍然保留了 KLD 元素，但在整合过程中，KLD 评级方法由于始终无法与传统的财务指标相结合，其"先筛后评"的操作方式与传统投资机构对维护"有效投资边界"的追求相违背。因此，MSCI 最终放弃了 KLD 评价方法及其指标体系。但是需要说明的是，虽然 MSCI 放弃了 KLD 评估体系，但目前通行的 ESG 指标体系中仍然保留了 KLD 公司设立的很多指标。

KLD 指数的优势非常明显，它包含的样本公司数量巨大，评价对象涉及行业广泛；在信息技术和资本跨境流动的浪潮中，KLD 逐步实现了评价范围的全球化；经过十余年的发展，KLD 数据能够帮助研究者完成时间序列分析，也获得了学术界的认可；KLD 指标体系从一开始就尽可能全面地构建多维度评价体系，这也是其得到广泛认可的原因之一。然而，对 KLD 指标体系的质疑也一直不断。如指标的选择缺少理论依据，其对部分利益相关者的相关需求表达并不充分。并且，KLD 指标体系对维度的权重缺少充分论证，这可能会导致重要的社会责任评价信息缺失，削弱评价结果的实际应用价值。

2.2.4 润灵环球责任评级

润灵环球责任评级（RKS）是中国企业社会责任权威第三方评级机构，致力于为责任投资者、责任消费者及社会公众提供客观科学的企业责任评级信息。润灵环球（RKS）在上市公司社会责任报告评级、中国上市公司 ESG 可持续发展评级、社会责任投资者服务三大领域开展专业工作，自主研发了国内首个上市公司社会责任报告评级系统，并于每年末召开 A 股上市公司社会责任报告高峰论坛，该论坛已成为上市公司社会责任领域的权威沟通平台。

RKS 评价体系从整体性（macrocosm）、内容性（content）、技术性（technique）和行业性（industry）4 个零级指标，逐层分解为 15 个一级指标及 63 个二级指标，设置细化了超过 100 个终端采分点。表 2 - 1 列示了 RKS MCTi2012 版评价体系中 15 个一级指标的分布及内容。

表 2 - 1   **润灵环球 MCTi2012 版评价体系**

零级指标	一级指标
整体性	（1）战略；（2）治理；（3）利益相关方
内容性	（4）经济绩效；（5）劳工与人权；（6）环境；（7）公平运营；（8）消费者；（9）社区参与及发展
技术性	（10）内容平衡；（11）信息可比；（12）报告创新；（13）可信度与透明度；（14）规范性；（15）可获得及信息传递有效性
行业性	提供分行业的特征指标。以采掘业为例，其特征指标包括：I1 清洁煤技术研发与应用信息；I2 生态环境恢复与治理信息；I3 研发可再生能源或新能源的举措信息；I4 建立防火、防爆管理体系信息；I5 塌陷区预防与治理的制度与措施信息

MCTi2012 采用结构化专家打分法，满分为 100 分。其中，整体性评价权重为 30%，满分为 30 分；内容性评价权重为 45%，满分为 45 分；技术性评价权重为 15%，满分为 15 分；行业性评价权重为 10%，满分为 10 分。对于综合业与其他制造业，没有行业性指标评价，仅有的 3 个零级指标权重分别调整为整体性 30%、内容性 50% 和技术性 20%。

目前有包括哈佛大学商学院、香港中文大学、北京大学在内等超过50 家全球知名高校，在研究中国上市公司社会责任信息披露时使用的是 RKS 评级数据库。徐鹏（2021）在企业社会责任对盈余质量影响的研究中就采用润灵环球责任评级（RKS）相关数据衡量企业社会责任。

另外，随着国际上 ESG 理念的兴起，RKS 从 2019 年开始，根据上交所发布的 A 股上市公司 ESG 报告指南的具体要求，升级润灵 A 股上市公司 CSR 报告评级至 A 股上市公司 ESG 报告评级，推动 A 股上市公司 ESG 报告编制质量。

2.2.5 　中国企业社会责任发展指数

中国企业社会责任发展指数是由中国社会科学院经济研究所相关课题组自 2009 年开始发布的。这一指数是对企业社会责任管理体系建设现状和社会/环境信息披露水平进行评价的综合指数。根据评价对象不同可产生不同的指数分类，进而形成中国企业社会责任发展系列指数。

社科院课题组在 2019 年将原来的"四位一体"升级优化为"责任三

角"理论模型。该模型以责任管理为核心，以本质责任为顶端，以社会责任和环境责任为两大基石，构成了稳定的"责任三角"结构。在指标选择过程中，课题组对标参考了联合国可持续发展目标（SDGs）、国际标准化组织社会责任指南（ISO 26000）、全球报告倡议组织（GRI）可持续发展报告准则（Global Reporting Initiative Sustainability Reporting Standards，GRI Standards）、道琼斯可持续发展指数等国际社会责任倡议文件和指标体系；参考了《关于中央企业履行社会责任的指导意见》《关于国有企业更好履行社会责任的指导意见》，香港联合交易所《环境、社会及管治报告指引》《中国企业社会责任报告指南（CASS - CSR4.0）》及各分行业指南等国内社会责任倡议文件和指标体系；同时还参考了世界 500 强企业的社会责任报告。在指标体系构建上，社科院课题组针对企业社会责任的通用议题构建了通用议题评价指标，并结合行业特色社会责任议题，构建了分行业社会责任评价指标体系，最终形成"通用指标 + 行业特色指标"的评价指标体系。表 2 - 2 列示了中国企业社会责任发展指数通用指标。

表 2 - 2   中国企业社会责任发展指数通用指标体系

一级指标	二级指标	三级指标（部分）
责任管理	责任组织	责任理念；责任治理；责任规划；责任制度
	责任融合	责任议题；责任流程；责任绩效；责任能力
	责任沟通	责任报告；责任沟通
本质责任	股东责任	营业收入；净利润；资产负债率
	客户责任	产品/质量管理体系；研发投入；客户信息保护
社会责任	政府责任	纳税总额；带动就业人数；政策响应
	伙伴责任	责任采购；知识产权保护；公平运营
	员工责任	劳动合同签订率；社会保险覆盖率；员工培训绩效；员工帮扶投入
	安全生产	安全生产管理体系；安全生产培训；安全生产绩效
	社区责任	公益方针或主要公益领域；捐赠总额；员工志愿者人次
	精准扶贫	精准扶贫规划；年度扶贫资金及物资投入
环境责任	绿色管理	环境管理体系；环保投入；环保培训
	绿色生产	全年能源消耗总量或减少量；清洁能源使用量；"三废"排放量；温室气体排放量
	绿色运营	绿色办公绩效；环保公益活动

评分的具体步骤包括：①指标体系运用层次分析法确定责任管理、本质责任、社会责任和环境责任板块的权重；②根据不同行业的实质性和重要性，为每大类责任议题及具体指标赋权；③根据企业社会责任管理现状和社会/环境信息披露的具体情况，给出具体指标得分；④依据具体指标得分和相应权重，计算企业初始得分；⑤初始得分加上调整项得分就是企业在所属行业下的社会责任发展指数得分。调整项得分包括企业社会责任相关奖项的奖励分、企业社会责任管理的创新实践加分，以及年度重大社会责任缺失扣分项；⑥进行跨行业企业得分调整。

2.2.6　社会责任量表

应用社会责任量表进行企业社会责任评价是学术研究领域较为常见的方法。该方法首先从需要评价的企业社会责任各个维度设计出调查问卷的选题和选项，然后对调查对象进行感知调查，并通过总结各个选项的得分综合评价企业的社会责任履行情况，最终形成调查的结果分析。

在具体研究中，国内外学者们依据不同的理论基础，具体研究对象所处的行业、企业属性、行业地位，研究背景及特定研究目的等，设计开发了众多企业社会责任量表。

奥普尔里（Aupperle，1984）在卡罗尔的企业社会责任四维度模型的基础上，建立了一套企业社会责任倾向的测量模型。这一测量量表的最初设计包含 80 个条目，内容非常丰富，后续又经过了一些调整，条目有所减少。这一量表被认为适用于测量管理者对企业社会责任四个维度重要性的评判倾向。后续研究者在借鉴该量表时多采用修正版或根据研究需要精简条目。

迈尼昂和费雷尔（Maignan and Ferrell，1999）开发的企业公民量表也是以卡罗尔的四维度模型为框架，并进一步结合利益相关者类型，在指标中着力考察企业对各个利益相关者履行责任的程度。这一量表对后来的相关研究提供了重要的参考，产生了较大的影响。

金立印（2006）所开发的量表是较早在中国情境下对企业社会责任的测量尝试。在一系列检验的筛选下，最终从 124 个基础条目中筛选出 16 个条目，并将其归类为 5 个因子。这 5 个因子体现了中国情境下，企业面临的重要社会责任主题，分别被命名为：慈善活动、赞助社会公益活动、保护消费者权益、保护环境及承担经济责任。

何显富等（2010）将图尔克（Turker，2009）开发的企业社会责任量表置于中国情境下，最终开发了符合我国文化背景的企业社会责任新量表。

陈承（2015）等在研究中小企业的社会责任问题时开发了相关量表。该量表包括核心利益相关者责任、社会公众责任和管理过程责任 3 个维度，分别设计 7 个、5 个和 3 个具体指标。

上述研究均为后续的研究者们提供借鉴。受制于篇幅所限，本次研究仅在这里列示少许，难免挂一漏万。

2.3 企业社会责任倡议文件

在推进及规范企业履行社会责任的过程中，国内外相关组织及管理机构纷纷出台指南、标准等倡议性文件，以下就该内容进行简要介绍。

2.3.1 SA 8000 国际标准

SA 8000 是 Social Accountability 8000 International Standard 的英文简称，其初始版本于 1997 年推出，是全球首个道德规范国际标准。SA 8000 是经第三方认证机构审核的国际标准，适用于全球所有行业、不同规模的公司。虽然 SA 8000 尚未转化为 ISO 标准，但它已经得到较为广泛的国际认可。当企业经相关认证机构完成全面、独立的 SA 8000 审核后，获准颁发的 SA 8000 社会责任认证证书是对该组织道德行为和社会责任管理能力的有效认可，是助力企业参与国际竞争的有效推手。

SA 8000 标准的宗旨是为了保护人类基本权益。SA 8000 的要素引自国际劳工组织（International Labor Organization，ILO）的有关公约及其他相关准则、人类权益的全球声明和联合国关于儿童权益的公约。其内容包括童工、强迫性劳工、健康与安全、结社自由与集体谈判的权利、歧视、惩戒性措施、工作时间、工作薪酬与管理系统等共 9 个方面的重要议题。可以看出，SA 8000 标准中的社会责任规定主要关注的是企业对员工的责任。

虽然此项标准并不具有政府劳工法规一般的效力，但其在引导企业规范用工、保护员工权益等方面发挥积极的推动作用。

2. 3. 2　ISO 26000 指南

ISO 26000 是国际标准化组织（International Standard Organization，ISO）起草制定的社会责任指南，该标准于 2010 年正式出台。为了尽可能公允、充分地考虑各利益相关方的需求，ISO 26000 的制定采用多利益相关方参与的模式，这一标准是众多专家、国家及国际机构共同努力的结果。

ISO 26000 指南的出台，对于在全球范围内推动对社会责任的认识和履行，起到了积极的作用。首先，ISO 26000 以"社会责任"替代了"企业社会责任"概念。如此一来，显著拓宽了社会责任的主体范畴，不仅仅是企业或经济组织，包括学校、中介机构、社会团体等的各种组织，都成为承担社会责任的主体；其次，在主要内容上，ISO 26000 中阐述了与社会责任有关的七个核心主题，包括组织治理、人权、劳工实践、环境、公平运行实践、消费者问题、社区参与和发展。并针对每个核心主题的概念和范围、与社会责任的关系、核心主题的相关原则、该核心主题下的相关问题和思考，以及相关行动与期望进行了阐述。不仅如此，ISO 26000 还提供了社会责任融入组织的可操作性建议和工具。其主要内容包括理解组织的社会责任、组织内和组织间社会责任沟通、在组织内和利益相关方间提高社会责任报告和声明的可信度、评价和改善组织的社会责任行动和实践等，将社会责任融入整个组织的实践。

2. 3. 3　全球报告倡议可持续报告准则

全球报告倡议（Global Reporting Initiative，GRI）是一家总部在阿姆斯特丹的独立的非营利性国际组织。截至 2020 年 8 月，在中国香港、新加坡、巴西、美国、印度等 12 个国家或地区开设办事处。其组织愿景是通过促进组织透明度、问责制以及利益相关者的参与，成为企业社会责任报告的全球接受标准。GRI 组织的初始成立起源于关注公众对埃克森石油公司瓦尔迪兹漏油事件的环境损害的公愤，发展至今其关注领域已扩展至经济、环境、治理体系等相关领域。表 2-3 列示了 GRI 的主要工作历程。

表 2-3　　　　　　　　　　　　　GRI 主要工作历程

年份	主要工作
1997	成立于波士顿
2000	发布第 1 版 GRI 指南
2002	发布 GRI 2 指南
2003	启动会员项目
2006	发布 GRI 3 指南
2008	建立注册培训合伙人项目
2012	里约 + 联合国可持续发展会议
2013	GRI 4 指南发布
2015	采纳 SDGs 框架
2016	发布 GRI 可持续报告准则
2017	启动与联合国全球公约合作的公司 SDGs 报告指南
2019	发布部门/行业项目
	发布 GRI 207：税收准则
2020	发布 GRI 306：废弃物准则
	启动 GRI 学院
2021	发布修订后的一般准则
	发布第一个部门/行业准则（油气）GRI 11

值得关注的是，GRI 工作的重要转折发生在 2016 年，其发布内容由"指南"升级为"准则"，其规范性和国际性得到进一步的提升。目前，GRI 可持续报告准则（Global Reporting Initiative Sustainability Reporting Standards，GRI Standards）是由全球可持续准则理事会（Global Sustainability Standards Board，GSSB）制定和批准的，其成员代表了技术专家、经验多样性和多方利益相关者观点的最佳组合，并根据正式定义的正当程序，完全是为了公众利益开展工作。GRI 2020 年度报告中，援引毕马威的调查数据显示，在目前全球 5200 家领先企业中已有 2/3 的企业采用 GRI 报告体系。GRI 标准已经

成为具备全球影响力的可持续报告准则体系。

GRI 可持续报告准则使得所有组织能以一种可比和可信的方式了解和报告其业务活动对经济、环境、公司治理的影响，因此提高了企业可持续发展行为的透明度。GRI 可持续报告准则的制定考虑了易使用性，包括了组织的重要议题、相关影响以及如何管理这些影响。除了报告主体，准则与众多利益相关者也相关，包括投资人、政策制定者、资本市场、公民社会等。

2016 年 GRI 可持续报告准则发布后，相关的内容更新和细化一直在进行。在经过 2021 年的修订之后，GRI 可持续报告准则包括三个模块：GRI 一般准则（Universal Standards）、GRI 部门/行业准则（Sector Standards）、GRI 专题准则（Topic Standards）。图 2-1 展示了目前最新的 GRI 可持续报告准则内容框架。

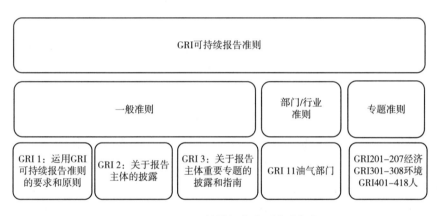

图 2-1　GRI 可持续报告准则内容框架

一般准则适用于所有的组织，具体又包括 3 个模块。其中，GRI 1 概要性地介绍了 GRI 标准的目的、核心概念。它列示了组织必须遵循的准则要求，也明确了高质量报告的原则要求。GRI 2 包括对组织结构和报告内容的披露细节要求，这些内容有助于全面了解组织活动所涉及的相关范畴，并了解组织在相关领域的影响。GRI 3 是关于组织报告主要议题的确定及内容披露。

部门/行业准则意在提高组织报告的质量、充分性、一致性。GRI 计划从影响最大的行业开始，如油气、农业、水产养殖、渔业等，陆续制定共 40 个部门/行业的准则。准则列出对特定部门/行业中大多数组织而言重要的议题，指出关于这些议题有待报告的相关披露问题。若有适用的部门/行业准则，在根据 GRI 可持续报告准则报告时组织被强制（要求）运用相关准则。2021 年 10 月，GRI 发布了第一个部门/行业准则——GRI 11：油气部门/行业 2021（GRI 11：Oil and Gas Sector 2021）。

专题准则包括提供与专题相关的信息的披露。如关于废弃物、职业健康和安全、税、培训与教育、童工、公共政策、消费者健康与安全、客户隐私等，共计 31 项专题准则。每个准则包括了专题概述、专题特定的披露、组织如何管理相关的影响等。组织可选择其确定为重要的专题相对应的专题准则，并运用准则提供报告。

2.3.4 国资委发布的相关指导意见

为了全面贯彻党的十七大精神，深入落实科学发展观，推动中央企业在建设中国特色社会主义事业中，认真履行好社会责任，实现企业与社会、环境的全面协调可持续发展，国务院国有资产监督管理委员会于 2018 年发布了《关于中央企业履行社会责任的指导意见》（以下简称《指导意见》）。

《指导意见》指出，中央企业要增强社会责任意识，积极履行社会责任，成为依法经营、诚实守信的表率，节约资源、保护环境的表率，以人为本、构建和谐企业的表率，努力成为国家经济的栋梁和全社会企业的榜样。中央企业履行社会责任的主要内容包括：坚持依法经营诚实守信；不断提高持续盈利能力；切实提高产品质量和服务水平；加强资源节约和环境保护；推进自主创新和技术进步；保障生产安全；维护职工合法权益；参与社会公益事业。

《指导意见》还明确了中央企业履行社会责任的主要措施，具体包括：树立和深化社会责任意识；建立和完善履行社会责任的体制机制；建立社会责任报告制度；加强企业间交流与国际合作；加强党组织对企业社会责任工作的领导。

2.3.5 中国国家标准化管理委员会发布的相关标准

2015 年 6 月，中国国家标准化管理委员会发布了 GB/T 36000—2015《社会责任指南》、GB/T 36001—2015《社会责任报告编写指南》和 GB/T3 6002—2015《社会责任绩效分类指引》三项国家标准，从而初步完成了支撑我国社会责任活动的基础性系列国家标准构建。其中，GB/T 36000—2015 主要强调"是什么、如何做、做哪些"；GB/T 36001—2015 主要强调"如何完成相关信息披露"；GB/T 36002—2015 主要强调"做得怎样、结果如何"。

依据 GB/T 36000—2015 中第 5 章内容，社会责任报告涵盖的社会责任核心主题和议题如表 2 - 4 所示。

表 2 - 4　　　　　　　　社会责任核心主题和议题

核心主题	议题
Z 组织治理	决策程序和结构
R 人权	(1) 公民和政治权利；(2) 经济、社会和文化权利；3. 工作中的基本原则和权利
L 劳工实践	(1) 就业和劳动关系；(2) 工作条件和社会保护；(3) 民主管理和集体协商；(4) 职业健康安全；(5) 工作场所中人的发展与培训
H 环境	(1) 污染预防；(2) 可持续资源利用；(3) 减缓并适应气候变化；(4) 环境保护、生物多样性和自然栖息地恢复
G 公平运行实践	(1) 反腐败；(2) 公平竞争；(3) 在价值链中促进社会责任；(4) 尊重产权
X 消费者问题	(1) 公平营销、真实公正的信息和公平的合同实践；(2) 保护消费者健康安全；(3) 可持续消费；(4) 消费者服务、支持和投诉及争议处理；(5) 消费者信息保护与隐私；(6) 基本服务获取；(7) 教育和意识
S 社区参与和发展	(1) 社区参与；(2) 教育和文化；(3) 就业创造和技能开发；(4) 技术开发与获取；(5) 财富与收入创造；(6) 健康；(7) 社会投资

每个组织的社会责任均可按上述七项核心主题来划分，并可按核心主题所含社会责任议题进一步细分，但并不一定全部包含上述全部社会责任议题。在组织社会责任绩效评价体系中，上述核心主题为第一级分类；各议题为第二级分类；依据 GB/T 36000—2015 第 7 章所述各项议题的"相关行动和期望"为第三级分类。具体的绩效指标由组织根据实际，自行开发。

基于与利益相关方有效沟通的目的，社会责任报告的编写和发布宜遵循"完整全面、客观准确、明确回应、及时可比、易读易懂、获取方便"的原则。组织社会责任报告的范围既可覆盖组织整体的所有活动，也可单独覆盖组织某特定部分的所有活动。社会责任报告宜尽可能采取定期发布的方式，其发布时间间隔宜保持相同。如果组织突然发生了引起社会广泛关注的重大事件或重大变化，也可及时发布社会责任报告。社会责任报告可以采用各种发布形式，例如纸质文件、电子文件或基于互联网的交互式网页等。具体选用何种形式，取决于组织的性质和利益相关方的需要。

在向利益相关方报告社会责任绩效时，组织宜将有关社会责任核心主题及其相关议题的目标与绩效信息一同包括在内。社会责任绩效宜公正和完整，既包括成绩，亦包括不足，还包括弥补不足的具体方式。

上述三项国家标准仅是社会责任与可持续性领域针对所有组织最基础、最通用的国家标准。而在各领域和行业应用时，则迫切需要相关配套实施。为此，2019 年 10 月下达了国家标准《社会责任融入管理体系实施指南》。该指南通过技术机制和方法模式，帮助企业将社会责任融入企业各类管理体系平台，从而为我国企业社会责任实践提供强有力的技术支撑。

除了上述国家标准之外，地方标准和行业标准也相继出台。表 2 - 5 列示了目前实施的部分地方标准及行业标准。

表 2 - 5　　　　　　　　　部分社会责任地方标准及行业标准

标准号	标准名称	标准类型
DB13/T 2516—2017	企业社会责任管理体系要求	地方标准（河北省）
DB3302/T 1047—2018	宁波市企业社会责任评价准则	地方标准（宁波市）
DB41/T 876—2020	民营企业社会责任评价指南	地方标准（河南省）
SB/T 10963—2013	商业服务业企业社会责任评价准则	行业标准
SJ/T 16000—2016	电子信息行业社会责任指南	行业标准
SJ/T 11728—2018	电子信息行业社会责任管理体系	行业标准
YD/T 3836—2021	信息通信行业企业社会责任管理体系要求	行业标准
YD/T 3837—2021	信息通信行业企业社会责任评价体系	行业标准

资料来源：国家标准化管理委员会网站信息整理，http：//www.sac.gov.cn/。

客观地说，我国的社会责任标准体系建设目前尚处于起步阶段。随着各级标准协同发力，必将推动我国企业全面履行社会责任，促进我国经济、社会和环境的可持续发展。

2.4 企业社会责任在我国的推进历程

企业社会责任体现了组织价值观及在价值观指引下的战略制定、资源配置、组织管理、经营实践、成果绩效及其影响。企业社会责任的承担是企业与其内外部环境因素博弈的最终结果。在我国社会经济体制变革过程中，在我国企业参与国际化经营的过程中，制度环境、竞争环境、企业组织结构等内外部因素的变迁，合力推动着企业与社会之间关系的演变，促进企业社会责任的承担。

新中国成立之后，高度集中的计划经济体制之下，政府运用指令性计划实现资源在各类生产部门和消费群体之间的分配。计划经济时期的企业主要是国有企业，与现代意义上的企业存在很大不同。企业只是政府经济计划的执行机构，并没有经营决策的自主权力（郭毅，叶方缘，2019）。在这一时期，国有企业成为经济社会中资源配置的唯一性组织载体，企业与社会之间并没有进行区分。"企业办社会"成为这一时期企业与社会关系的普遍表达。个人的经济需求与社会需求的满足需要通过单位制组织来实现，形成了"国家—单位（社会）—个人"下的社会资源运转与配置的构架体系（肖红军，阳镇，2019）。在资源配给的生产组织方式之下，经济效益并非核心目标，企业社会责任在员工权益保护、环境保护等领域都有所表达。如，1951 年第一次全国劳动保护工作会议通过的《限制工厂矿场加班加点实行办法》、1956 年劳动部制定的《中华人民共和国女工保护条例》等，都在保障员工基本权益方面作出相关规定。1973 年第一次全国环境保护会议审议通过了《关于保护和改善环境的若干规定》，提出把环境保护与国民经济发展统一起来，全面安排。

自 1978 年十一届三中全会将党的工作重心转移到社会主义现代化经济建设上并提出改革开放的思想路线以来，我国的经济体制改革在摸索中不断前行。改革的过程是政府与市场关系的调整过程，也是企业与社会关系的调适过程。在这一时期，国有企业自主经营权逐步扩大，企业管理方式、方法逐渐转变。与此同时，民营企业数量快速增长，获得长足发展。

制度层面的改革举措推动着企业逐步成为市场的主体。1986 年国务院出台的《关于深化企业改革增强企业活力的若干规定》、1988 年颁布的《全民所有制工业企业法》、1992 年颁布的《全民所有制工业企业转换机制条例》等，都是推进国有企业履行经济责任的制度供给。企业经济责任被放在显著突出的位置，有些企业甚至为了追求利润、控制成本，不断挑战社会道德和法律底线。与此相对比的是，企业对员工权益保障、环境保护、安全生产、产品安全、社会慈善等环境责任和社会责任缺失。为改善、引导企业社会责任的非均衡表现，国家也相继出台了相关法律法规，如 1989 年制定出台的《中华人民共和国环境保护法》为企业履行环境责任提供了基本的法律遵循；1993 年颁布的《中华人民共和国消费者权益保护法》、1995 年颁布的《中华人民共和国食品卫生法》、1995 年颁布的《中华人民共和国劳动法》等，为进一步推进企业社会责任的法律制度供给走向深化与实化。新闻媒体、社会大众对下岗职工、环境保护、打击假冒伪劣产品等问题的关注，也迫使企业不断反思自身的社会责任承担问题，并不断调整其社会责任履行策略。

随着改革开放的不断深入，一方面大量外资企业涌入带来了现代企业社会责任思想；另一方面，中国制造业凭借低成本所获得的国际市场竞争力，引发了国际社会对于中国企业生产过程中的生产条件、劳工权益、环境保护等方面问题的关注。在国际竞争需要、社会各界反思的推动下，我国政府迅速做出了相关政策调整，以制度引导企业转变思路，实现经济、社会、环境各方面的平衡。2002 年颁布实施《安全生产法》，为减少生产安全事故、保障生产场所安全、保护员工基本权益保驾护航。

2003 年我国政府提出了"坚持以人为本，树立全面、协调、可持续的发展观"。2005 年 12 月，《国务院关于落实科学发展观加强环境保护的决定》指出，企业要公开环境信息，企业所承担的社会环境责任是经济和社会稳定发展的重要组成部分。2006 年《中华人民共和国公司法》修订后正式实施，"公司承担社会责任"被写入法律条文中。国有企业的使命功能定位由独立竞争的经济组织转变为具有现代意义上的、经济与社会功能兼具的复合型组织（肖红军等，2021）。深交所于 2006 年 9 月出台了《社会责任指引》。作为社会责任监管制度的组成部分，《社会责任指引》不仅强化了对上市公司环境保护的约束程度，而且促使上市公司披露环境保护信息（钱雪松，彭颖，2018）。2008 年国资委发布文件，要求中央企业进行社会责任的信息披露，发布社会责任报告，接受社会监督。上交所也于 2008 年 5 月出台了《上海证券交易所上市公司环境信息披露指引》。

党的十八大把科学发展观列入党的指导思想，强调建设美丽中国，加强生态文明建设。企业作为市场经济和社会生活的重要主体，在促进科学发展、实现社会和谐过程中的作用被充分肯定。2013 年十八届三中全会发布的《中共中央关于全面深化改革若干重大问题的决定》，提出国有企业是国家治理现代化的重要力量，国有企业须以承担社会责任为重点，进一步深化国有企业改革。在推进企业社会责任实践组织层面，2014 年通过的《中共中央关于全面推进依法治国若干重大问题的决定》，首次将企业社会责任（涵盖国有企业与民营企业）上升到国家战略高度，且首次提出了企业社会责任立法问题。2015 年《中共中央、国务院关于深化国有企业改革的指导意见》提出国有企业要在履行社会责任中发挥表率作用。十八届五中全会首次提出的"创新、协调、绿色、开放、共享"五大发展理念，已经成为中国企业履行社会责任要求的全面指导。更进一步地，"双碳"目标必将带来一场广泛而深刻的经济社会系统性变革，企业必须积极调整经营战略，实现经济——环境——社会的协调共生以及资源共享。

总的来讲，企业社会责任在我国的推进历程，是制度引领下的企业组织管理方式的变革过程；是竞争压力下的企业战略转变过程；是将外部压力转为内生动力的自我升华过程。

第 3 章

中国石油社会责任履行状况分析

3.1　中国石油的社会责任观

中国石油①作为国有重要骨干企业，是中国最主要的油气生产商和供应商。公司集油气业务、油田技术服务、石油工程建设、石油装备制造、金融服务和新能源开发于一体，已经成长为一家综合性国际能源公司，在全球 35个国家和地区开展油气业务。2020 年，公司在世界 50 家大石油公司综合排名中位居第三，在《财富》杂志全球 500 家大公司排名中位居第四。

作为一家负责任的公司，中国石油秉承"诚信、创新、业绩、和谐、安全"的经营管理理念，在为社会奉献能源、创造财富的同时，也努力实现能源与环境、生产与安全、企业与员工、企业与社会的和谐发展。持续的努力得到了国际及国内各界的普遍赞誉，也为中国石油赢得了良好的社会声誉。

3.1.1　中国石油社会责任的底蕴来源

回顾我国石油工业艰苦卓绝的创业历程，每一个辉煌成就都彰显着石油

---

①　本章内容以中国石油天然气集团有限公司 2006 年至 2020 年各年社会责任报告为资料来源。本章中以"中国石油""中国石油集团"或"中国石油集团公司"指代"中国石油天然气集团有限公司"。

人的革命情怀和爱国主义精神。其革命精神底蕴，脱胎于我国石油工业建设的特殊历史背景。新中国成立初期，由于石油对国家发展的重要战略意义，加之创业初期异常艰苦的工作环境和工作条件，我国专业的石油工人大量缺乏。为解决这一突出问题，中国人民解放军第十九军五十七师奉命改编为石油工程第一师。其后，在相当长的发展过程中，石油工人主要靠转业、退伍军人作为重要补充。这一独特的形成发展历程，使得中国石油从诞生伊始就带有浓厚的国家意志及政治体制色彩，也让"不怕死、不怕苦"的革命精神成为中国石油人的红色底蕴。

在艰苦卓绝的石油大会战中，中国石油的建设者们喊出"宁可少活20年，拼命也要拿下大油田"的豪迈誓言。以王进喜为突出代表的石油铁人们，将爱国、奉献置于无限崇高的地位；将"我为祖国献石油"塑造为企业的核心价值观；将"奉献能源、创造和谐"作为我国石油人矢志不渝的追求。石油会战的胜利，不仅为国家经济建设提供了充分的能源保障，更培育了大庆精神、铁人精神。习近平总书记曾多次点赞大庆精神、铁人精神，称之为中华民族伟大精神的重要组成部分。

特殊的成长背景，使得"责任"早已融入中国石油的成长历程，成为企业背负的天然使命。为祖国保障能源安全的责任；为社会奉献清洁能源的责任；为员工提供生活保障的责任；推动经济社会实现可持续发展的责任。"责任"是中国石油的本质基因，也必将成为实现企业高质量发展的力量源泉。

3.1.2　中国石油社会责任观的演进

综观中国石油15年来的企业社会责任报告，可以深切地感受到这是一个不断学习、不断成长的企业组织。中国石油社会责任报告制度的制定实施，逐步搭建起一个与企业和政府（出资者）、股东、员工、客户、供应商与承包商、社区与公众、非政府组织等各利益相关者沟通交流的平台；致力于实现经济、环境和社会三大责任的有机统一，努力成为更具财富创造力、更具品牌影响力和更具社会感召力的全球优秀企业公民；最终共同推进企业、社会和环境的可持续发展。

早在 2008 年中国石油就明确提出了企业可持续发展模式。可以说，"可持续"是中国石油责任观念的基本底色，可持续发展理念始终贯穿于中国石油的各个发展阶段（见图 3 – 1）。

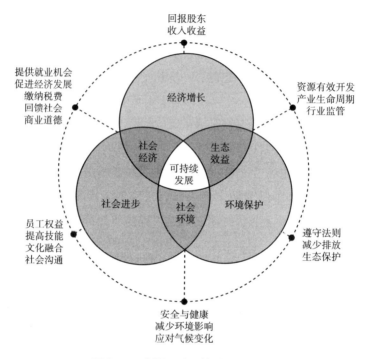

图 3 – 1　中国石油可持续发展模式

资料来源：中国石油 2008 年企业社会责任报告。

但在不同的企业发展阶段，可持续发展理念又表现出不同的内涵特征。首先，保障国家能源供应，为国民经济发展持续稳定地提供能源一直是中国石油最基本的使命责任；其次，企业的可持续发展与社会密不可分。企业在快速发展中会面临诸多挑战，需要企业从战略高度认识自身所担当的社会角色，有计划、有目标地全面履行好社会责任，做优秀企业公民；最后，随着绿色低碳的能源消费模式和生活方式逐步成为各国政府、各个行业和社会公众的共识，能源企业必然在能源消费结构升级、新能源的开发与利用中发挥重要的作用。也就是说，中国石油在以可持续发展为目标的发展过程中，其早期阶段的可持续更多关注能源供应保障能力的可持续、企业发展的可持续。在获得一定的经济积累之后，企业更加关注其作为企业公民在推动全社会可持续发展中的作用。在当前构建人类命运共同体的过程中，面对环境挑战，绿色低碳成为企业可持续发展的新主题。

综上所述，中国石油的社会责任观演进可以被初步划分为利益相关者观、企业公民观以及绿色低碳观3个阶段。

3.1.2.1 中国石油社会责任的利益相关者观

中国石油业务涵盖整个石油产业链条。这一生产特征决定了其利益相关者为数众多，包括政府（出资者）、员工、客户、供应商与承包商、社区及公众、非政府组织和有关机构等。获得利益相关者的信任和支持对企业的持续发展、稳健成长起到决定性的作用。图3-2描述了中国石油与各利益相关者之间的活动关系。

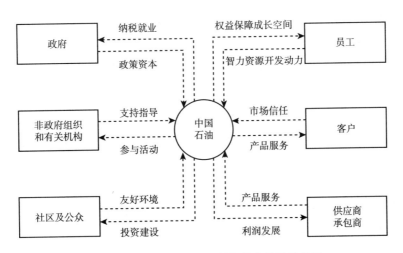

图 3-2　中国石油与其利益相关者的活动关系

由图3-2可以看出，不同的利益相关者对中国石油有着不同的利益诉求和关注点。例如，政府（出资者）关注企业在缴纳税费、保障就业方面的行为绩效；员工期望能够获得基本权益保障和一定的成长空间；客户期望获得的是高质量的产品和服务；供应商希望能够在与中国石油的合作中实现经济收益等。这也就必然要求中国石油采取不同的行动计划去满足不同利益相关者的诉求。中国石油的社会责任报告认真识别各利益相关方的关注点，并对应确定了相关关键业绩指标用以指导其具体行动。

3.1.2.2 中国石油社会责任的企业公民观

企业公民理念首次出现在中国石油 2013 年社会责任报告中。在描述企业社会责任管理的目标时，中国石油表示"公司积极履行社会责任，依法经营、诚实守信，节约资源、保护环境，以人为本、构建和谐企业，回馈社会、实现价值共享，致力于实现经济、环境和社会三大责任的有机统一，努力成为更具财富创造力、更具品牌影响力和更具社会感召力的全球优秀企业公民"。

企业公民是企业在社会上的公民形象，是企业将社会基本价值与日常商业实践、运作和政策相整合的行为方式。企业是社会的细胞，社会是企业利益的源泉。企业在享受社会赋予的条件和机遇时，也应该以符合伦理、道德的行为回报社会、奉献社会。企业公民概念突出表达了对企业长期价值取向的道德期望。然而企业公民观并非是要消除企业对利润的追求，其强调在依法经营的过程中，企业应全面考虑对所有利益相关者的影响。

在 2015 年社会责任报告中，中国石油勾勒出企业做优秀企业公民的路径。首先通过不断完善公司内部环境的和谐稳定，实现财富创造的可持续；进而通过不断推动公司所处产业环境的协调发展，实现产业发展的可持续；最终通过不断投身文明进步的社会环境建设，实现社会和谐的可持续。

在 2018 年社会责任报告中，中国石油进一步明确了企业公民的履责原则、履责内容和最终目标，在 2015 年行动路径的基础上形成企业公民治理模型。具体内容如图 3 - 3 所示。

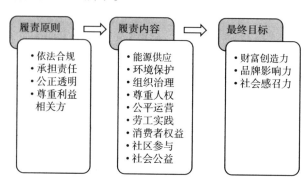

图 3 - 3　中国石油企业公民治理模型

不难看出，在中国石油稳步推进"走出去"战略的过程中，其企业社会责任观也随之拓展。企业最终致力于成为具备规模实力，能对能源行业起到引领作用并得到社会普遍尊重、得到国际认同的"全球优秀企业公民"。

3.1.2.3　中国石油社会责任的绿色低碳观

当前，世界能源格局正呈现多元化、清洁化、低碳化，绿色低碳是未来发展方向。事实上，中国石油集团一直坚信绿色是永续发展的必要条件，并积极探索开发利用可再生能源。早在 2006 年时就已经成立了新能源管理和研发机构，并将开发利用可再生能源列入了"十一五"发展规划。企业积极应对环境挑战，坚持"资源在保护中开发、在开发中保护、环保优先"原则，积极探索油气行业低碳转型发展，大力推进绿色生产、增加绿色能源供给、实现绿色技术全面进步，以更负责任的方式为社会提供优质清洁能源。

在联合国大会获得通过的《2030 年可持续发展议程》中明确了 17 项具体的可持续发展目标。时任联合国秘书长潘基文指出："这 17 项可持续发展目标是人类的共同愿景，也是世界各国领导人与各国人民之间达成的社会契约。它们既是一份造福人类和地球的行动清单，也是谋求取得成功的一幅蓝图"。作为有担当的能源供应商，中国石油 2019 年社会责任报告中专门增加了"联合国可持续发展目标"等重要议题，详细介绍了中国石油在 2019 年为实现 17 项可持续发展目标所实施的具体行动和所获得的实际成效。

在习近平主席向国际社会做出"碳达峰、碳中和"的庄严承诺后，企业继续致力于推动能源绿色低碳转型。2020 年，中国石油首次将"绿色低碳"引入战略体系，努力建设化石能源与清洁能源全面融合发展的"低碳能源生态圈"，力争 2025 年左右实现"碳达峰"，力争 2050 年左右实现"近零"排放，为中国"碳达峰""碳中和"和全球温控目标做贡献，为实现联合国可持续发展目标贡献中国石油力量。

图 3 - 4 展示了上述愿景实现路径。

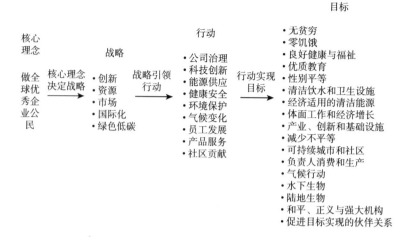

图 3 - 4   中国石油可持续发展目标实现路径

如图 3 - 4 所示，中国石油秉承做全球优秀企业公民的核心理念，以核心理念决定战略；以"创新、资源、市场、国际化、绿色低碳"五大战略引领行动；从公司治理、科技创新、能源合作等十个方面开展具体行动；以行动措施实现 17 项可持续发展目标。

3.1.3　中国石油社会责任观的未来展望

企业社会责任观的演进，是企业在处理自身与外部环境关系时的一系列观念、政策的调整结果。在全球能源版图重塑、国际能源战略形势发生重大而深刻变化的关键时刻，中国石油的企业社会责任观必将做出适应性调整。

首先，能源安全是国家战略安全的重要基石，油气供应安全在国家能源安全中始终发挥着重要作用。习近平总书记在考察胜利油田时明确指出，石油能源建设对我们国家意义重大。中国作为制造业大国，要发展实体经济，能源的饭碗必须端在自己手里。因此，中国石油所承担的保障国家能源安全、保障经济社会发展的政治责任必然是未来企业社会责任承担的第一要务。

其次，在实现"双碳"目标的过程中，能源行业的绿色低碳将是推动我国经济社会系统性变革的关键力量。因此，中国石油需要更好地平衡其经济责任和环境责任。在战略层面完善顶层设计，稳步推进双碳行动方案实施，深化提质增效，实现高质量发展。以技术创新为突破口，加快新能源产业培育，提升能源供给质量和利用效率，做好降碳减碳工作。通过构建化石能源和清洁新能源协同发展、绿色低碳转型和油气安全保障并举的现代能源体系实现其经济责任和环境责任的均衡发展。

再次，在数字化转型与能源技术革命的推动下，企业与员工的关系也必将发生根本性的变化。如何在多元价值观的冲击下，继承和发扬老一辈石油工人的革命精神和优良传统，可能会成为中国石油企业文化建设以及员工责任履行的难点问题。

最后，企业社会责任的履行还要处理好与社区及供应商等其他利益群体的关系，实现和谐发展。这一目标的实现是以获得公众及相关方的信任为基础的。这就要求中国石油以更加开放、包容的态度及时地披露相关信息。这意味着企业的社会责任信息披露不仅是恰当的指标结果，更重要的是以信息为依据采取负责任的行动；不单是愿景目标的描述、结果的展示，更重要的是采取的具体行动是什么。最终构建起企业社会责任履行的新的执行体系和监督体系。

3.2　中国石油的社会责任履行实践

中国石油社会责任报告从可持续的能源供应、负责任的生产运营、重人本的员工发展和促民生的社会贡献四个方面阐述企业履行社会责任的主要情况。

3.2.1　可持续的能源供应

保障国家能源安全和满足社会能源需求，一直是中国石油的首要任务。当前，中国石油报告的国内新增探明石油地质储量已经连续 15 年超过 6 亿吨，国内新增探明天然气地质储量连续 14 年超过 4000 亿立方米。在保证能源供应的大前提下，中国石油积极调整能源供应结构，不断加大天然气的开发利用。图 3-5 中展示了中国石油 2006~2020 年天然气总产量（含海外权益产量）的产量趋势。

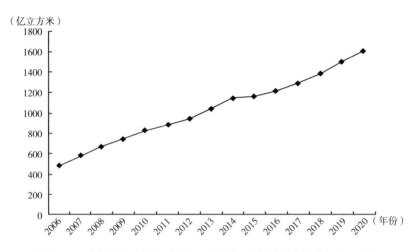

图 3 – 5　中国石油 2006～2020 年天然气总产量（含海外权益产量）

由图 3 – 5 可以清晰地看出中国石油天然气产量保持了逐年稳定增长的态势。2020 年，中国石油国内天然气产量突破 1300 亿立方米，天然气在油气结构中占比首次超过 50%，实现历史性突破。与此同时，企业也在不断加大对地热能、太阳能、生物燃料等新能源业务的投入，积极应对气候变化的挑战。

能源供应的可持续，离不开企业在科技创新领域的常年深耕。目前，中国石油共拥有科研院所 84 家；国家级研发机构 21 家；公司级重点实验室和试验基地 54 个。中国石油的科研力量分布在整个能源产业链的各环节。自 2006 年以来，中国石油共获得 74 项国家科技奖励①。其中，国家科技进步特等奖 1 项；国家科技进步一等奖 10 项；中国专利金奖 2 项。

能源供应的可持续，也离不开企业在国际能源领域的积极探索和合作。在全球经济动荡、逆全球化思潮蔓延和新冠肺炎疫情持续的打击下，中国石油仍坚定不移地走"国际化"道路。自 1993 年开始实施"走出去"战略，中国石油开展的国际油气合作从秘鲁项目起步，先后获得苏丹、哈萨克斯坦、委内瑞拉、伊拉克、澳大利亚、加拿大等一批合作项目，实现了从无到有、从小到大的跨越式发展。1997 年，以签订哈萨克斯坦阿克纠宾油气合作项目为标志，中国石油迈出"一带一路"油气合作第一步。历经 20 余年的开拓，中国石油集团在"一带一路"沿线的 20 个国家运营 52 个油气合作项

---

①　2007 年该项目数据缺失。

目。目前，中国石油在全球35个国家和地区开展油气业务，为全球78个国家和地区提供石油工程技术和工程建设服务。2020年，公司国际贸易业务遍布全球80多个国家和地区，全年实现贸易量4.9亿吨。

3.2.2　负责任的生产运营

中国石油始终坚持"以人为本、质量至上、安全第一、环保优先"的理念，将保护环境、节能减排、提供优质产品和服务作为实现企业可持续发展的战略基础，持续完善产品服务质量管理，坚持推行安全生产、绿色生产、节约生产，大力推进生态文明建设，构建资源节约型、环境友好型企业。

能源行业企业在生产运营中始终面临着较高的安全风险。作为负责任的能源供应商，中国石油是国内率先开展健康、安全和环境管理体系（HSE管理体系）建设的能源企业，并早在2005年就通过了英国劳氏船级社对集团HSE管理体系的相关审核。多年来，公司连续开展"安全环保基础年"，组织开展专项整治、应急演练、知识竞赛等活动，努力营造安全生产氛围；通过长期的制度化建设，逐步完善安全环保责任制度；建立多级风险防控机制；推动建立应急预案管理制度；将安全环保目标责任层层压实。图3－6展示了近10年来企业百万工时死亡率指标。

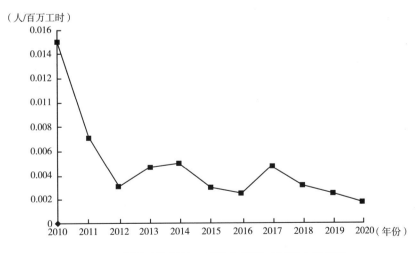

图3－6　中国石油2010～2020年百万工时死亡率指标

资料来源：中国石油2010～2020年社会责任报告。

所有努力都是对员工生命的尊重。图 3 – 6 让我们看到了努力的成果，但是也让我们看到仍需努力的空间。

能源行业企业在生产运营中始终面临着较高的环境风险，也因此承担着较多的环境责任。在多年的持续努力下，中国石油建立实施预测、预警、监控的风险防控管理模式，对环保风险实行分级、分层、分专业管控，确保环保风险全面受控。同时，重视资源保护以及合理化使用。企业在生产运营中大力推进节能减排，节约淡水资源，合理利用土地资源，努力提高能源和材料使用效率，最大程度减少资源消耗。持续的努力帮助企业建立了良好的环保声望，中国石油曾连续 9 年获得"中国低碳榜样"荣誉称号。所属企业也由于在节能环保方面的突出表现，多次获得国家及各级地方政府的表彰和奖励。在国际能源合作项目中，中国石油也积极履行在资源国的环境责任，在"一带一路"沿线国家获得环保类奖项 30 余项，获得了国际社会的广泛认可。

3.2.3　重人本的员工发展

作为超大型央企，中国石油天然气集团有限公司的员工人数规模庞大。图 3 – 7 具体列示了企业 2014～2020 年从业人数。

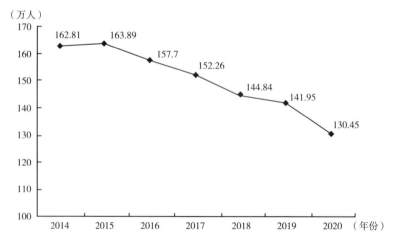

（万人）

图 3 – 7　中国石油天然气集团有限公司 2014～2020 年从业人数

资料来源：中国石油天然气集团有限公司 2018 年、2019 年及 2020 年社会责任报告。2018 年，公司从业人数统计口径发生变化，并对从业人员历史数据追溯调整至 2014 年。

由图 3-7 可以看出，随着生产自动化水平的不断提高以及数字化转型的不断推进，近年来集团公司用工人数呈现出较为明显的下降趋势。作为拥有百万级别员工的超大型央企，中国石油集团及其下属企业一贯重视员工发展，认为员工是企业最宝贵的资源和财富，并始终将促进员工的全面发展作为公司的重要发展目标之一。

3.2.3.1　中国石油员工责任履行的特殊性

本着"为国分忧、为民族争气"的爱国初心，石油工人们牺牲小我，正如歌中所唱"头顶天山鹅毛雪/面对戈壁大风沙/嘉陵江边迎朝阳/昆仑山下送晚霞/天不怕、地不怕/风雪雷电任随它/我为祖国献石油/哪里有石油/哪里就是我的家"。特殊的生产作业环境决定了石油企业不但要有专业的生产部门，还要有专业的矿区服务部门。并且其矿区服务系统不仅要承担保障生产的功能作用，还要承担满足服务生活、维护稳定的重要职责。为服务员工及其家属的生活，油田企业还需要成立学校、医院、公安、幼儿园、消防等社会服务机构，履行生活区的市政建设、道路维护、公共照明、交通管理、绿化环卫、垃圾清运、生活污水收集、应急管理、市场管理、社区文化管理、离退休管理等社会职能。因此，伴随着油田的建设，玉门、克拉玛依、大庆、东营、盘锦、松原、濮阳、庆阳，等等，一座座石油新城拔地而起。

一个石油企业就是一个小城市。在这种特殊的背景之下，石油企业与其员工之间的关系，从来都不是简单的雇用关系，也不同于一般的终身制员工制度。在老一辈石油人的记忆中，从入职开始，石油工人就相当于将自己的人生托付给了石油企业。这其中的信任与依赖，已然超越契约关系中对信任的必然要求，更包含了一种精神上的归属与寄托。也因此，石油企业员工责任的承担有别于一般企业，表现出特殊的时代特征和更多的体制烙印。中国石油集团的员工社区分布在全国十多个省份，生活着 130 万户 400 万名居民。在企业发展过程中，中国石油一直努力推进矿区服务系统改革，致力于改善员工社区的生活环境。

然而这种企业办社会的发展方式，增加了企业负担，不利于企业做强做优主营业务，也制约了整个社会的资源配置效率。2012 年以来，国务院国资委、财政部先后在黑龙江、河南、湖南等 10 省份开展了中央企业"三供一业"分离移交试点，取得了积极成效。2016 年开始，"三供一业"分离移交工作在全国推进。2019 年，中国石油"三供一业"等剥离企业办社会职能的改革任务已全面完成。

3.2.3.2 中国石油员工责任履行状况分析

在经营过程中，中国石油始终坚持以人为本，尊重和保护员工的合法权益，倡导平等和非歧视的用工政策；珍惜员工的生命、健康与安全；尊重劳动、尊重知识、尊重人才、尊重创造，重大决策和重要生产经营活动都着眼于调动全体员工的积极性、创造性，着眼于提高员工素质。在发展过程中，在促进员工身心健康、搭建成长平台等方面不断投入，努力把公司发展创新成果惠及广大员工，实现员工价值与公司价值的同步提升，实现员工的全面发展。

在不断的内容完善中，目前中国石油集团公司社会责任报告关于员工责任履行的内容包括员工权益、成长平台、本土化与多元化、身心健康及关爱员工，共五个部分。

（1）员工权益。公司尊重和保护员工合法权益，倡导平等和非歧视的用工政策，完善薪酬福利体系，健全民主机制，为员工创造公平、和谐的工作环境。

公司始终坚持以人为本，重视和维护员工的各项合法权益。严格遵守《中华人民共和国劳动法》《中华人民共和国劳动合同法》《中华人民共和国工会法》，遵循中国政府批准的有关国际公约以及东道国的相关法律、法规和制度。2009 年，在国际金融危机及世界经济增长明显减速的形势下，公司未进行任何经济性裁员，体现了央企在稳就业、保民生方面的重要责任担当。奉行平等、非歧视的用工政策，公平公正地对待不同国籍、种族、性别、宗教信仰和文化背景的员工。坚决杜绝雇用童工和强迫劳动。公司早在2010 年就出台《境外用工管理办法（试行）》，加强境外用工管理，规范用工行为。2016 年以来，集体合同签订覆盖率为 100%。近十年来，企业女性员工占比均超过 30%，保障女性员工拥有平等的薪酬福利和职业发展机会。

近年来，公司不断完善企业年金和补充医疗保险政策。2016 年以来，社会保险覆盖率达 100%。在薪酬福利体系改革方面，不断突出效益导向，完善与效率效益挂钩的工资总额决定机制。公司制定印发提质增效专项激励约束办法，健全完善差异化薪酬分配机制，大力推进科技型企业分红激励政策落地，有序推进多要素参与分配，薪酬分配进一步向效益贡献大、投入产出效率高的单位倾斜，向生产一线、关键岗位人员以及紧缺急需的高层次、高技术、高技能人才倾斜，让员工更好地体现自身价值。

公司注重发挥员工民主管理、民主参与、民主监督的作用，建立了工会组织，以及以职工代表大会为基本形式的企业民主管理制度和厂务公开制度，并通过明确职工代表大会各项职权、组织制度、工作制度，进一步规范厂务公开的内容、程序、形式，企业民主管理水平进一步提升。公司建立了多种与员工沟通联系的渠道，坚持履行民主程序，通过召开职工代表大会、民主议事会、员工代表座谈会等形式，了解并回应员工的期望和诉求。依法保障员工的知情权、参与权、管理权、选举权和监督权，鼓励员工为企业发展建言献策。

（2）成长平台。中国石油集团及下属各级企业，一贯重视员工学习平台的搭建，为员工快速成才提供有效助力。中国石油远程培训平台于2006年8月开通，为员工提供继续教育、岗位培训、在职研究生课程和本专科课程在线学习等课件资源，开发符合员工需求的培训学习包。公司实行"两级计划、三级培训"管理机制，有力保障员工培训覆盖面和实效性。大力推进"互联网＋培训"挖潜人力资源价值，持续创新培训方式。借助于互联网技术，在疫情特殊时期实现培训"不停歇、高质量、全覆盖"。2020年，集移动学习、培训管理、知识管理于一体的智慧云学习平台——"中油e学"上线，标志着中国石油员工培训进入E时代。努力实现员工成长与公司发展的良性互动，员工队伍素质和能力得到有效提升。除此之外，公司自2006年起，在推进全员培训的基础上，重点针对经营管理、操作技能、国际化和专业技术人员四类人才成长，实施"四个培训工程"。具体来说，以政治素质和引领发展能力为重点，公司大力加强经营管理人才培训；以前沿科技理论和创新能力为重点，大力加强专业技术人才培训；以一线员工综合素质提升和职业技能提升为重点，着力加强技能操作人员培训；以高层次国际化人才培养项目为重点，加强国际业务核心领域关键岗位骨干人才的培训。

表3-1列示了"十三五"期间中国石油集团公司员工培训的相关数据。

表 3-1　　中国石油天然气集团有限公司"十三五"期间员工培训数据统计

年份	2016	2017	2018	2019	2020
培训经费投入（亿元）	14.9	16	22.4	19.8	14.5
培训人次（万人次）	109	99.3	80	102.3	69.3
一线员工培训率（%）	100	100	100	100	100
高级技能人员和关键操作岗位员工培训率（%）	100	100	100	100	100
远程培训人次（万人次）	—	—	624	112	1662.6

由表 3-1 可以看出，"十三五"期间中国石油集团公司员工培训经费投入呈现先上升而后下降的变化，培训人次也表现出较大波动。这一表现一方面是由于受到国际政治经济动荡、国际油价断崖式下跌的影响；另一方面也是由于疫情影响，公司更多地开展了依托互联网的远程培训，降低了培训成本。2020 年的远程培训人次更是高达 1662.6 万人次。虽然直接经费投入有所下降，但是在"十三五"期间公司一线员工培训率以及高级技能人员和关键操作岗位员工培训率，均达到 100%。

中国石油集团及下属各级企业，一贯重视员工职业生涯规划，不断创新人才成长环境和体制机制，在员工队伍建设、人才培养等方面勇于探索。2015 年，在公司所属科研院所和油田推进适应科技人员特点的行政和专家"双序列"改革，为专业技术人员提供独立、畅通、稳定的职业发展通道。近年来，公司持续推进建立专业技术岗位序列制度改革，健全岗位动态调整机制，完善激励机制，不断激活、释放人才活力。"十三五"以来，实施石油科学家和"石油名匠"培育计划、创新创效能力提升计划、操作员工技能晋级计划、青年科技英才培养计划，持续推进人才培养开发工程，为创新型人才开辟成长通道。截至 2020 年底，公司共有中国科学院和中国工程院院士 23 名；享受国务院政府特殊津贴在职专家 569 名，企业首席技术专家 185 名，企业技术专家 468 名。公司累计建立技能专家工作室 112 个，其中国家级技能大师工作室 28 个；公司技能专家 380 人。

表 3-2 列示了"十三五"期间中国石油集团公司创新人才机制建设的相关内容。

表3－2　中国石油天然气集团有限公司"十三五"期间创新人才培养机制

年份	人才培养机制建设内容
2016	制定《石油科学家培育计划》
2017	印发《石油科学家培育计划》《青年科技英才培养工程》及配套文件
	修订《科学技术奖励办法》
	出台《科技成果转化创效奖励办法》
	启动首席技师评聘工作
2018	建立主体工种关键岗位技能人才九级晋升制度
	制定高技能人才选聘积分标准
	修订职业技能竞赛管理办法
2019	出台《技能人才创新创效奖励办法》
	印发《关于进一步激发科研机构和科研人才动力活力的二十六条措施》
	开展"技能中国行2019——走进中国石油"活动
	搭建技能开发工作交流平台、操作员工能力提升平台和一线生产技术支持平台
2020	制定"十四五"队伍发展专项规划

由表3－2可以看出，中国石油集团公司不断创新人才成长环境和体制机制，注重人才成长资源保障体系建设，为员工实现自我价值提供广阔的舞台。

在人才培养的过程中，公司始终坚持"以赛促训、训赛结合"，通过职业技能竞赛提升员工职业技能和专业素养，促进一线员工成长。2020年，25万名员工参与各级职业技能竞赛50余场次；在公司级及以上比赛中获金牌47枚、银牌75枚、铜牌112枚；涌现出8名"全国技术能手"；实现技能等级破格晋升500余人。

（3）本土化与多元化。随着我国经济的不断发展，中国比以往任何时间都更加积极地参与到国际经济竞争中去，并且更加努力去掌握主动权。党的十五届五中全会上，"走出去"战略最终明确下来。这一战略的确立和实施，是我国发展开放型经济、全面提高对外开放水平的重大举措，也是实现我国经济与社会长远发展、促进与世界各国共同发展的有效途径。

在中国石油集团"走出去"战略实施过程中，公司倡导尊重、开放、包容的文化，坚持"海外人才属地化、专业化、市场化"，遵循东道国法律法规，建立完善员工录用、使用、岗位考核和奖惩制度，努力吸引和培养当地优秀人才，为他们创建职业生涯成长平台。目前，海外项目聘用的勘探开发、工程建设、国际贸易、金融、财务、人力资源管理等当地专业人才已覆盖80多个国家和地区。我们的用工本地化政策，不仅让当地雇员在公司业务发展中发挥着越来越重要的作用，而且为当地石油工业可持续发展积蓄了人才力量。

另外，公司尊重员工个性、能力和成长经历的差异性，珍视员工多元化才能，努力消除就业和职业歧视，营造宽松包容的工作环境，倡导和促进不同民族、不同地域、不同文化背景员工的相互尊重和理解。

图3-8列示了2016~2020年中国石油天然气集团有限公司海外项目员工的本土化程度。

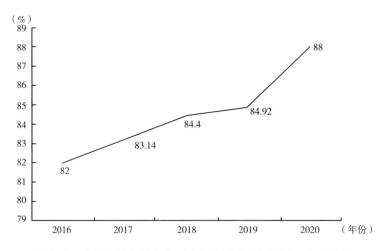

图3-8　中国石油天然气集团有限公司海外项目员工本土化率

由图3-8可以看出，中国石油集团海外项目中员工本土化率呈现逐年上升的趋势。通过对社会责任报告的仔细阅读，还可以发现，中国石油在中亚、拉美及中东地区的员工本土化率都已超过90%，仅在西非地区，由于受到当地人力资源供应的制约，其员工本土化率较低。

（4）身心健康。中国石油集团历来注重加强员工职业健康保护工作。依据国家相关法律法规，中国石油集团早在2006年就制定了《中国石油集团职业病防治管理办法》《中国石油集团职业健康监护管理规范》《中国石油集团作业场所职业病危害因素检测规范》，建立并完善各级企业职业健康责任制其他相关文件，进行施工作业健康管理。近年来，中国石油集团一直不断加强员工职业健康方面的保障制度建设。部分具体措施如表 3 – 3 所示。

表 3 – 3　　　　中国石油天然气集团有限公司员工职业健康保障措施

年份	员工职业健康保障措施
2015	出台《中国石油天然气集团公司职业病危害告知与警示管理规定》
2016	修订《职业卫生管理办法》
	发布《境外项目健康风险与医疗人员能力评估指导意见》
	员工职业健康监护档案建立率100%
2017	修订《工作场所职业病危害因素检测管理规定》
	修订《职业健康监护管理规定》
	修订《建设项目职业病防护设施"三同时"管理规定》
2018	修订《职业卫生档案管理规定》
2019	编制公司职业卫生量化审核细则
2020	发布公司《贯彻落实〈"健康中国2030"规划纲要〉实施方案》

除了表 3 – 3 中所列示的具体措施之外，公司还积极开展形式多样的宣传、教育活动，并努力为员工营造促进身心健康的工作环境。

图 3 – 9 显示了 2011 ~ 2020 年来中国石油集团公司职业健康体检率（%）的数据走势。

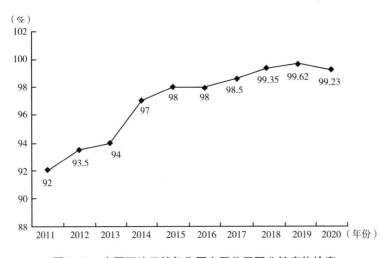

图 3 – 9　中国石油天然气集团有限公司职业健康体检率

由图 3-9 可以看出，中国石油集团公司职业健康体检率 2011~2020 年不断提升，最近三年更是已经接近 100%。

除了对职业健康的关注之外，中国石油集团公司也一直注重员工的心理健康状况。中国石油海外 EAP 项目自 2008 年启动至今，从服务内容、服务形式、国际视野等多维度积极推进，目前已覆盖数万名在非洲、中东、中亚、拉美等地区工作的员工及其家属。公司推出了中国石油天然气行业第一条心理健康热线，并针对员工和家属的心理健康和工作适应能力，开展现场培训、咨询和危机干预，为其提供特殊服务的自助与转介网络平台。公司持续完善员工疗养、休假等制度，开展多种形式的心理健康知识宣传培训，引导员工树立积极、健康的心态。

图 3-10 显示了 2016~2020 年中国石油集团公司心理健康咨询热线服务时长（小时）的数据走势。

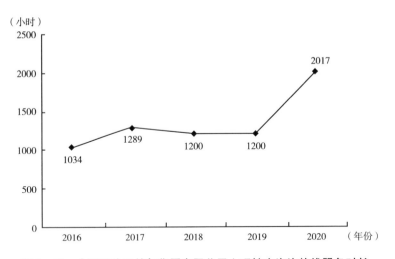

图 3-10 中国石油天然气集团有限公司心理健康咨询热线服务时长

由图 3-10 可以看出，近五年来公司提供的心理健康咨询热线服务均已超过 1000 个小时。新冠肺炎疫情期间，为海外重点地区和项目 400 多名海外员工提供"一对一"在线心理咨询。2020 年，在境外新冠肺炎疫情新常态下，公司为海外 65 个国家的 7251 名员工和家属提供 31 场在线心理培训和讲座，确保了海外员工的心理健康和项目安全平稳运行。

（5）关爱员工。公司倡导工作与生活的平衡，在社区建设等方面积极投入，不断改善员工的工作、生活环境，提升员工幸福感。持续开展扶贫帮困送温暖活动，通过爱心志愿服务、发放助学金等多种行之有效的措施，开展各类困难员工尤其是特困员工精准帮扶工作。

公司通过建立文体协会、组织文化活动和体育智力竞赛等形式，开展精彩多样的文体活动，丰富员工业余生活，提高员工综合素质和团队凝聚力。

3.2.4　促民生的社会贡献

中国石油始终坚持将企业发展与业务所在地可持续发展结合起来，关注民生和社会进步，促进经济和社会和谐发展。自 2006 年以来，中国石油缴纳税费总额超过 5 万亿元，在社会公益项目的总投入累计超过 144 亿元①。其在社会公益的持续投入，获得各级政府、社会团体及公众、资源国政府及人民的广泛赞誉。

中国石油对扶贫减贫事业有着与生俱来的责任感、使命感，并付诸长期实践。凭借在消除贫困方面的突出贡献，中国石油多次受到国家及各级地方政府的表彰奖励。1988 年以来，累计投入帮扶资金近 70 亿元，涉及全国 28 个省份 476 个县（市），受益人口近千万人②。

中国石油持续通过设立石油奖学金、互助金、捐建希望小学等多种方式，支持国内教育事业。中国石油集团在 2002 年一次性捐资 3000 万元设立了"中国石油奖学金"基金，每年将基金资本运营的收益作为奖学金，长期资助和奖励优秀大学生。2015 年中国石油与中国扶贫基金会合作，共同发起"旭航"助学公益项目，帮助家庭经济困难的高中生完成学业，实现求学梦想。同年，中国石油还实施了"益师计划"。该计划旨在通过组织教育发达地区的优秀教师赴贫困地区学科交流，同时选派贫困地区乡村教师到教学发达地区进修学习，提升贫困地区教育质量，努力实现教育公平。

中国石油弘扬和倡导志愿精神，鼓励和支持员工积极参与服务社区和服务社会的志愿者活动，为精神文明建设贡献力量。中国石油自 2004 年以来

---

① 根据中国石油 2006～2020 年社会责任报告逐年整理统计。
② 中国石油 2020 年社会责任报告。

联合中华见义勇为基金会等机构，连续多年举办见义勇为好司机评选活动。弘扬见义勇为，倡导社会正义，树立社会道德风尚。2016 年，中国石油与中国扶贫基金会联合发起专注于资助公益创新的平台"益路同行"。至今累计征集公益创想 3919 个，上线公益创想 1101 个，其中 953 个获得资助。2019 年，"益路同行"因创新性、专业性和较大的社会影响力，获得凤凰网评选的"年度十大公益创意奖"。2019 年春节前夕，集团公司连续第八年开展"温暖回家路·铁骑返乡"志愿服务，为春节骑行返乡的打工者提供免费加油、食品和保险等服务。

中国石油海外油气业务的快速发展，也见证了企业与东道国的精诚合作、共同发展。通过大力实施国际业务本土化战略，企业为资源国创造了大量就业机会，为当地培养一批石油工业技术和管理人才。除此之外，企业积极投身社会公益事业，在公共设施建设、教育、医疗卫生、环境保护、社区能力建设、体育和文化事业等领域为当地社区发展贡献力量。

3.3　中国石油社会责任履行的信息披露分析

中国石油集团自 2006 年开始建立起社会责任报告发布制度，是我国国有企业社会责任报告制度的先行者之一。

3.3.1　中国石油社会责任报告及相关信息披露现行制度

目前，中国石油已连续 15 年按期发布了集团的社会责任报告，并且在报告内容的篇幅、信息披露强度、信息披露质量等方面不断提高。报告依据相关指南的最新版本进行编写。具体包括：国务院国有资产监督管理委员会《关于国有企业更好履行社会责任的指导意见》相关要求，并参照全球报告倡议组织（GRI）发布的《可持续发展报告指南》（2016 版）、国际石油行业环境保护协会（IPIECA）和美国石油学会（API）联合发布的《油气行业可持续发展报告指南（2020 版）》、国际标准化组织发布的 ISO 26000 社会责任指南、联合国《2030 可持续发展议程》、中国国家标准化管理委员会发布的 GB/T 36001—2015《社会责任报告编写指南》及中国社会科学院《中国企业社会责任报告指南 4.0 之石油化工业（CASS – CSR4.0）》。

除了定期发布的企业社会责任报告，中国石油还通过不定期发布研究报告、主办开放日活动等多种方式积极加强与利益相关方的沟通交流。另外，还综合运用社会责任子网站、官方微信、微博、手机阅读及无障碍阅读等传统媒体和新媒体等手段，丰富社会责任信息传播形式，提升沟通效果。

表 3 – 4 整理了自 2006 年以来中国石油社会责任信息披露的其他活动。

表 3 – 4　　　　2006 ~ 2020 年中国石油的社会责任信息披露活动

年份	中国石油的社会责任信息披露
2006	建立企业社会责任报告发布制度 开通企业社会责任信箱：csr@cnpc.com.cn
2007	首次发布公司社会责任报告 首次披露公司社会责任量化业绩指标
2008	举办"责任·动力"企业社会责任论坛 社会责任子网站上线
2009	发布《中国石油（哈萨克斯坦）可持续发展报告》 引入利益相关方参与机制
2010	发布《中国石油在苏丹》企业社会责任专题报告 开展企业社会责任优秀实践案例推选工作
2011	发布《中国石油在印度尼西亚》企业社会责任专题报告 编制《中国石油 2010 年优秀社会责任实践案例集》《2011 年度风险管理报告》 成立社会责任管理工作委员会，设立外部专家咨询组
2012	开展社会责任指标体系及社会责任指引相关研究 发布《中国石油天然气集团公司企业形象识别系统手册》 编制《中国石油 2011 年优秀社会责任实践案例集》
2013	发布《中国石油在拉美》企业社会责任专题报告 编制《中国石油 2012 年优秀社会责任实践案例集》
2014	开展社会公益管理相关研究 发布《中国石油天然气集团公司履行社会责任指引》 发布《西气东输（2002 ~ 2013 年）企业社会责任专题报告》
2015	编制《中国石油 2014 年优秀社会责任实践案例集》 发布《中国石油天然气业务发展与推动大气污染治理报告》《中国石油油品质量升级报告》《中国石油 2014 年环境保护报告》《中国石油绿色发展报告》《央企责任·中国石油在新疆》 开通中国石油官方微博和微信，努力回应公众关切

年份	中国石油的社会责任信息披露
2016	发布《中国石油扶贫开发（2006～2015 年）企业社会责任专题报告》《健康安全环保报告》和《中国石油 2015 年环境保护报告》
2017	发布《中缅油气管道（缅甸）企业社会责任专题报告》 发布《中国石油 2016 年环境保护报告》《低碳发展路线图》《生态保护纲要》和《污染物排放达标升级计划》等 编制《中国石油 2016 年优秀社会责任实践案例集》 开通中国石油官方微门户，完善互动沟通平台
2018	发布《中国石油 2017 年环境保护报告》 编制《中国石油 2017 年优秀社会责任实践案例集》
2019	发布《中国石油在伊拉克》企业社会责任专题报告 发布《中国石油 2018 年环境保护报告》
2020	发布《中国石油扶贫开发（2016～2020 年）企业社会责任专题报告》 发布《中国石油 2019 年环境保护报告》

从表 3-4 可以看出，一方面中国石油在逐步将社会责任履行与公司治理相融合，通过构建规范化的制度体系保证其企业社会责任行动的有效实施；另一方面中国石油在努力丰富其社会责任信息披露的平台和手段，实现企业对社会关切的快速响应。

3.3.2　基于 GRI 11 的中国石油社会责任报告调整

中国石油社会责任报告的编制依据之一是全球报告倡议组织（GRI）发布的《可持续发展报告指南》（2016 版）。然而随着可持续发展这一议题的国际关注度不断提升，GRI 准则体系的内容体系也一直在进行调整。2021 年10 月，GRI 发布了第一个部门/行业准则——GRI 11：油气部门/行业 2021（GRI 11：il and Gas Sector 2021）。可以预料的是，中国石油社会责任报告势必随之进行调整。

在 GRI 11 的框架内容里，一共列示了油气行业应予以关注的 22 项重要议题。具体包括：温室气体排放；气候适应、韧性和转型；气体排放；生物多样性；废弃物；水和废液；关停和复原；资产完整性和关键事件管理；职业健康和安全；雇用实践；无歧视与同等机会；受迫劳工与现代奴隶；社团自由与集体交涉；经济影响；当地社区；土地与资源权；原住民权利；冲突与安全；反竞争行为；反腐败；给政府缴款；公共政策。2015 年由联合国发布的可持续发展目标 SDGs，为全球发展转向可持续发展道路提出了明确的17 项目标。该目标体系目前已经得到全球 193 个联合国成员的认可，并成为全球实现可持续发展的综合性行动计划。GRI 11 在上述相关议题的设置上也充分考虑了 SDGs，并将上述 22 项议题与 SDGs 的 17 项目标进行了对标。详细表格列示见附录。

由于 SDGs 的 17 项目标都是综合性的，油气行业应该致力于对所有目标积极响应，在经济，环境和人的领域将其可能的不利影响降至最低水平。具体来说，油气行业可持续发展行为与 SDGs 目标 13（气候行动）的实现关联度最高。并且由于气候变化对环境及人类的全面影响，这一目标会影响其他目标的最终实现。油气行业在向低碳经济转型过程中的各种努力都是与目标13 关联的积极行动。油气行业对 SDGs 目标 7（可负担的清洁能源）的实现也会产生根本性的影响。在向低碳经济转型过程中，油气行业面临的严重调整之一就是确保人们能够获得负担得起的清洁能源。如果人们无法获得能源供应，那么目标 3（良好的健康和福祉）以及目标 4（高质量的教育以及创收机会）的实现必将成为无源之水、无本之木，而目标 1（无贫穷）也注定无法达成。并且负担得起的可靠的能源是世界经济的一个基础投入，是实现目标 8（体面的工作和经济增长）的基础性工具。

因此，基于 GRI 11 的中国石油社会责任报告一定会进行相关内容、报告格式等调整，从而更为清晰、明确地披露企业为可持续发展所做出的积极努力。

3.4　中国石油社会责任履行效果评价

由中国社会科学院课题组组织编写的《企业社会责任蓝皮书》系列，自2009 年首次发布以来，持续追踪中国企业社会责任阶段性特征。从责任管理、本质责任、社会责任和环境责任共 5 个板块 14 个方面，设置了具体 44个指标，构建了社会责任发展指数体系。图 3 - 11 展示了 2009 年以来中国石油在这一体系中的得分情况。

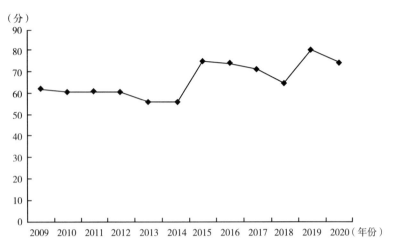

图 3 - 11　2009 ~ 2020 年中国石油社会责任发展指数

由图 3 - 11 可以看出，中国石油天然气集团有限公司在这一评价体系中表现突出。自接受评价以来，始终处于社会责任履行领先者的阶段。2019 年中国石油社会责任发展指数首次突破 80 分，达到五星级表现。这意味着企业建立了完善的社会责任管理体系，社会责任信息披露完整，成为我国企业社会责任的卓越者。但是 2020 年数据回落，说明中国石油社会责任方面的相关表现进入一个瓶颈期，相关策略仍需调整完善。

凡是过往，皆为序章。

作为国有重要骨干企业，中国石油坚持"绿色发展、奉献能源、为客户成长增动力、为人民幸福赋新能"的价值追求，锚定"双碳"目标，按照"清洁替代、战略接替、绿色转型"三步走的总体部署，采取"减碳、用碳、替碳、埋碳"四举措，迈出坚定步伐加快实现绿色低碳发展，持续加大清洁能源生产供应和节能减排力度，努力成为建设生态文明的主力军和建设美丽中国的中坚力量。

3.5　本章小结

本章以中国石油历年社会责任报告为资料来源，完成了如下任务：

第一，系统分析了中国石油集团社会责任观的底蕴来源、演进脉络，并对其未来发展做出展望。

第二，从"可持续的能源供应""负责任的生产运营""重人本的员工发展"和"促民生的社会贡献"四个方面整理了 2006 ~ 2020 年以来，中国石油履行社会责任的主要情况。

第三，整理介绍了中国石油社会责任信息披露的相关渠道和活动。

第四，中国石油社会责任履行的社会效果评价。

| 第4章 |

油品销售企业履行员工责任
及其绩效影响理论模型构建

4.1 油品销售企业员工责任履行现状分析

作为本次研究对象的油品销售企业，是隶属于中国石油天然气股份有限公司的地区性公司。截至 2020 年底，下属地市分公司十家、专业分公司一家；全资油库七座；运营加油站近 1100 座；用工总量近 10000 人；资产总额 67.76 亿元，连续 8 年获得"全省顾客满意度测评"同行业第一。作为中国石油的下属企业，该油品销售企业在经营活动中一直秉承"奉献能源、创造和谐"的企业宗旨，始终坚持企业、社会、员工、客户共赢理念，打造加油站"人·车·生活生态圈"，做最受信赖的油品供应服务商。

4.1.1 油品销售企业工作特点及其对员工的要求分析

加油站是中国石油销售业务发展之基和最基本的经营单元，是资产的载体、服务的窗口、利润的来源。在加油站工作的企业员工是中国石油品牌的形象代言人，是企业业绩的直接创造者。

油品销售企业的经营活动与一般零售企业经营活动相比仍有较为突出的差异性，并且这些差异性可能会对员工的身体、心理等方面产生影响。首先，油品销售企业营业时间不间断。这也就意味着一线员工需要经常倒班值班，其工作时间的不规律性可能会对员工身体和生活状况产生影响；其次，油品销售企业员工在工作时经常要往返于门店与加油机之间，完成加油操作，导致加油员的工作劳动强度明显超过一般的零售业从业人员。一年四季严寒酷暑，对员工身体状况有着较高要求；再次，个别位于偏远地区的加油站点，其员工还可能需要面临远离家人、工作环境不理想等生活难题，会对员工身体及心理产生一定影响；最后，由于所销售产品的易燃易爆特性，油品销售企业员工的工作场所存在较高的安全风险，对员工的安全意识、规范操作、风险处置等方面都有着较高要求。这也容易导致员工工作时的心理压力。

通过现场观察、对话访谈等方式，我们对油品销售企业的经营活动及员工工作都有了一定的认识。我们认为，油品销售企业员工的工作难度不大，对员工的学历要求并不高。但工作内容较为枯燥，工作强度较大，工作环境也存在一定的安全风险，对员工的身体素质、身体状况和心理抗压能力要求较高。

4.1.2　油品销售企业员工责任履行

世界正在经历百年未有之大变局。世界经济一体化进程受阻；贸易保护主义回潮；地缘政治不稳定因素增多；国际油价断崖式下跌；新冠肺炎疫情的全球暴发。种种因素叠加，导致国内经济增长缓慢，国内油气需求增速放缓。上述宏观环境的动荡给油品销售企业的生产经营活动带来了极大的冲击。

表 4-1 展示了经过脱密处理后的油品销售企业在 2018~2020 年的经营成果。其中，将 2018 年的营业收入设置为定基数据，赋值 100 亿元。

表 4-1　　　　　　**油品销售企业 2018~2020 年经营成果**　　　　　　单位：万元

项目	2018 年	2019 年	2020 年
营业收入	1000000.00	894232.58	654654.92
营业利润	11875.60	16935.09	11707.31

注：表格数据经过脱密处理，仅呈现相关项目的变化趋势和比例关系。

由表 4-1 可以看出，2018~2020 年油品销售企业的营业收入出现了连续的显著下降。相较于 2018 年，2019 年的营业收入降幅达到 10%。2020 年在新冠肺炎疫情影响下，营业收入累计降幅甚至接近 35%。在营业收入急剧萎缩的情况下，油品销售企业积极开展产品升级，努力挖掘内部潜力，推动企业经营提质增效。从企业营业利润的数据中可以看出，在经历了 2019 年的亏损高点之后，2020 年在营业收入大幅下降的情况下，营业利润甚至成为最近三年的最好表现。这说明企业降本增效成效显著，基本承受住了外部环境恶化对企业经营活动的冲击。

在如此严峻的经营形式之下，人工成本的高黏性特征、员工责任履行所带来的资金支出压力，成为企业降本增效过程中的显著阻滞。表 4 - 2 列示了油品销售企业 2018～2020 年履行员工责任的部分项目支出。由于财务核算视角与企业员工责任承担视角的差异，相关支出项目无法做到直接对应。我们在财务核算系统中寻找相关程度较高的项目进行粗略统计，但企业改善工作环境、部分竞赛奖励等支出无法准确统计。

表 4 - 2   **油品销售企业 2018～2020 年员工责任履行状况**   单位：万元

项目	2018 年	2019 年	2020 年
工资奖金	20168.71	20375.63	18255.82
福利费	2275.97	2326.40	2048.22
其中：员工体检	400.38	384.96	359.49
劳动保护	139.74	128.51	347.61
员工培训	398.39	375.70	180.35
文体活动	41.74	49.50	10.12
帮扶困难职工	45.62	84.90	84.67
合计	23070.17	23340.64	20926.79

注：表格数据经过脱密处理，仅呈现相关项目的变化趋势和比例关系。

由表 4 - 2 可以看出，最近三年以来企业履行员工责任的相关支出总额在 2019 年小幅上涨，但在 2020 年相关支出明显减少。

降幅较为明显的是文体活动和员工培训两个项目。其中，企业 2020 年的文体活动相关支出仅为 2019 年支出的 20%；员工培训项目支出也不足 2019 年相关支出的 50%。降幅明显的原因，一方面是由于这两个项目属于企业管理活动中的酌量性支出项目。当面临短期经营困境时，企业通常都会首先压缩酌量性支出项目。这一做法符合企业成本管控的一般规律；另一方面，2020 年这两项支出的急剧减少，主要是受到新冠肺炎疫情的影响。在疫情防控的要求下，企业必须停止一切群体聚集活动。像运动会、文艺汇演、表彰大会、集中培训学习等活动基本暂停，相关支出显著减少。然而我们也了解到，企业的员工培训活动并没有停滞。线下培训活动基本都通过利用集团公司自建的培训管理平台或者小鱼易连、腾讯会议等社会免费资源转移至线上进行。2020 年，企业累计参加各类各级培训超过 1 万人次。

在企业提质增效的要求下，企业持续推进人力资源管理系统的规范管理，积极调整人员结构，进一步建立完善绩效激励考核机制，稳妥推进企业基本工资制度改革，薪酬分配机制持续完善。2020 年，企业全面完成企业退休人员社会化管理工作。从表 4 - 2 可以看出，在上述多种措施并举的努力之下，企业在 2020 年有效控制了工资奖金及福利费等直接人工成本项目，助力企业控制成本。虽然总额有所下降，但在访谈过程中，我们感受到员工认可企业不断优化的绩效考评制度以及更为合理的薪酬分配改革等方面的努力，员工的薪酬满意度并没有受到负面影响。

表 4 - 2 中出现明显增加的项目是劳动保护。这也印证了企业始终将员工的权益保障和身心安全放在显著位置。为了保障疫情防控期间油品市场的稳定供应，企业在员工劳动保护方面积极投入。2020 年相关支出是 2019 年支出的 2.7 倍。

另外，企业继续在关爱员工、帮扶困难职工上大力投入。其 2020 年的投入金额基本与 2019 年的高位水平持平，彰显了"疫情无情人有情"的人文情怀。

通过上述数据的分析我们可以看出，作为有担当的国有企业，油品销售企业在遭遇经营困境的时候仍积极履行其员工责任。但在疫情防控的要求及成本控制的巨大压力下，也不得不削减了相关项目的支出。从短期结果来看，这些酌量性成本支出的削减，能够直接减少当期费用，提升企业业绩表现。但从长期后果来看，文体活动的支出减少可能会对企业文化建设产生负面影响，削弱员工的团队精神和集体荣誉感，降低员工对企业的归属感和认同感。而员工培训支出的减少，一方面可能会影响员工的创新动力，不利于创新型企业的建设；另一方面可能会影响员工对未来的职业发展期望，不利于企业留住年轻员工和技术型员工，不利于企业员工队伍的稳定。

因此，如何平衡企业绩效与员工责任履行的关系？如何实现企业业绩目标追求与企业员工责任履行的双赢？如何提高企业员工责任履行的效率效果？这些都是困扰油品销售企业管理者的现实问题。解决好上述问题，能够帮助油品销售企业管理者正确认识员工责任履行对企业绩效的影响机制。不再是仅从成本负担的角度看待员工责任履行，而是能够以更长远的眼光重新审视员工责任履行在企业可持续发展中的重要作用。并且，通过更加合理的资源配置方式实现企业员工责任履行的高效率。

在上述问题导向下，将进行本次研究的理论模型构建。

4.2 履行员工责任影响油品销售 企业绩效的理论模型构建

我们认为，企业履行员工责任的行为在被员工感知后会影响员工行为进而促进企业绩效。因此，本节首先依次对企业履行员工责任、员工感知及企业绩效进行构成维度设计及衡量变量选择，然后提出理论假设，完成理论模型的构建。

4.2.1 员工责任维度设计及变量选择

4.2.1.1 员工责任概念及其维度设计

员工责任是企业发展过程中，在追求经济效益的同时，应当对员工尽到的义务与责任。

作为行为科学奠基理论的马斯洛需求层次理论，将人类需求由低到高分为五个层次，分别是生理需求、安全需求、社交需求、尊重需求和自我实现需求。生理需求是推动人类行动的根本动力。在基本生理需求得到满足、保障之后，其他层次的需求才能成为激励人类活动的新的动因；安全需求包括人身安全、健康保障、财产安全、工作职位保障以及家庭安全；社交需求体现人类情感上的需求，包括得到来自其他人的关爱和照顾等；尊重需求包括自我尊重和外部尊重，具体表现为自信、能够独立、受到别人的尊重以及信赖；尊重需求的满足意味着个体在对自身实力、能力充满信心的基础上给予他人尊重并得到他人的尊重，是个体价值社会化的表现；自我实现需求是更高层次的需求，是个人能力得以展现、个人潜力得到挖掘实现的阶段。依据这一理论，保障员工最基本层次的生理需求毫无疑问是企业履行员工责任的第一步。在社会责任领域的相关研究中，对生理需求的满足就通过企业与员工之间所建立的契约经济关系来实现。以此为基础，卡罗尔（Carroll，1979）在构建三个维度的企业社会表现模型时，将公司的社会责任维度分解为经济责任、法律责任、道德责任、慈善责任四个方面。该分类成为目前企业社会责任相关研究的主要分类。阿克雷米（Akremi，2015）认为企业应对员工履行社会责任。例如提供公平的员工甄选、升迁与薪酬制度；支持员工教育发展；帮助员工在工作与家庭中取得平衡；以及提供健康安全保障等。

郝云宏、汪月红（2008）认为，企业对员工的责任体现在安全与健康、薪酬与福利、教育与培训、民主参与、职业发展及公益责任等6个方面的直接或间接的责任。彭荷芳、陆玉梅等（2014）将企业员工责任分为薪酬责任、法律责任、道德责任和仁慈责任四个维度。杨恺钧、褚天威（2016）认为员工责任应包括员工健康及生命安全、薪酬及福利待遇、培训及发展规划等方面。黄俊（2016）等认为员工责任应该是企业的一种积极主动性行为，目的是能够充分满足每一个员工对于各层次的需求。从特定行业的相关研究来看，罗美娟（2008）等结合旅游服务行业的优势与特质，认为经济上的责任以及在法律方面的责任都应该是旅游企业对于员工必须履行的义务。具体包括：安全的旅游生产管理环境、职业健康与安全的有效保障；员工自身合法权益的有效保障；公平就业原则的倡导与遵循。彭荷芳、陆玉梅（2015）通过结合我国制造业的具体特殊性，将企业员工责任划分为生理需求责任、安全需求责任、社会需求责任和员工自我实现需求责任4个维度。而在后续研究中，刘银国、万许元（2019）认为，员工责任是指企业有责任为员工提供健康良好的工作环境，同时也有责任满足员工的基本福利。

在中国石油集团公司的《企业社会责任报告》中，企业对员工的社会责任包括员工权益、成长平台、本土化与多元化、身心健康及关爱员工，共5

个部分。具体内容包括薪酬权益保障、民主参与、教育技能培训、构建职业发展平台、保障女性员工权益、注重员工多元化、关注职业健康与身心健康、员工社区服务及员工帮扶等。

然而在与油品销售企业的员工访谈过程中，我们发现，员工感知的企业履行员工责任的维度与理论维度是有差异的，油品销售企业员工所感知的企业履行员工责任被简化为两类，即货币形式员工责任和非货币形式员工责任。货币形式员工责任具有直接性和可计量性。员工可以直观感知并且可以通过可计量的货币或实物所体现，一般体现为由企业直接发放的工资薪酬、奖金福利等；非货币形式员工责任具有间接性和不可计量性。员工不能直观感知并且不能通过可计量的货币或实物所体现，一般体现为由企业运用非经济手段间接给予的学习培训、晋升机会。因此，本文把员工责任的内容界定为两个维度，即货币形式员工责任和非货币形式员工责任。

4.2.1.2 企业员工责任测量变量的选择

经过对上述文献整理和理论分析之后，本书将员工责任划分为货币形式员工责任和非货币形式员工责任两个维度。以下将借鉴前人研究成果，选择企业履行员工责任的具体测量变量。

（1）货币形式员工责任测量变量选择。货币形式员工责任是员工所能感知得到的最基本、最直观的企业履行员工责任的方式，即支付给员工薪酬以及为其提供薪酬福利。由企业直接发放的工资薪酬通常包括员工岗位薪酬、绩效工资以及企业发放的社会福利工资。

《中华人民共和国劳动法》和《中华人民共和国劳动合同法》对相关内容有比较明确的规定。首先，岗位工资需要严格遵守最低工资制度。1994年颁布的《中华人民共和国劳动法》为我国最低薪酬管理制度的正式推行和实施发展提供了必要的法律保证。1993年颁布的《企业最低工资条例》和2004年颁布的《最低工资条例》是保障职工权益的重要手段（宫汝凯，2020；李建强等，2020）。因此，我们首先需要了解企业工资水平是否符合当地最低工资标准的相关要求，并设计题项b1来衡量企业货币形式员工责任履行状况。并且根据《中华人民共和国劳动法》第五十条的有关规定，职工劳动薪酬支付应当按照固定货币支付方式，当月足额支付给全体企业职工，企业不得或者有意地无故直接扣减、拖欠发给全体企业职工的劳动薪酬。通过劳动获得工资是职工的基本权利。因此，题项 b2 关注企业货币形式员工责任的基本内容——薪酬，用以衡量反映一个企业是否能够按时足额地发放薪酬。《劳动法》中还对企业履行劳动合同和参加社会保险进行了相关规范，其中基本的一点就是要求企业与其职工协商签订公平合理的劳动合同。因此，我们可以通过了解企业是否遵守各项劳动法律法规来反映企业货币形式员工责任履行状况，并设计题项 b3 来衡量企业是否遵守各项劳动法律法规。根据《劳动合同法》第八十五条的有关规定，用人单位拒绝为加班的企业员工提供补贴或者其他服务，企业员工可以向行政执法机关申请企业限期支付，并需支付一定的赔偿金。郑赤建等（2019）认为，企业支付加班费是企业承担员工责任的一种体现。由此来看，可通过了解企业员工加班能否获得合理加班费来反映企业货币形式员工责任履行状况，并设计题项 b4 测量企业员工加班是否获得合理加班费。

绩效考核意在通过促进企业管理效率的提升打造其核心竞争力。其实质是做到人尽其才，通过改善员工的组织行为，充分调动员工的潜能和积极性，以求更好地达到企业整体战略目标。而有效的绩效考核必然与绩效薪酬体系密切相关。因此，题项 b5 用来衡量企业是否有合理的绩效考核体系，以此来反映企业货币形式员工责任中的绩效薪酬内容。

职工福利是指企业为员工设立的集体福利以及建立的某些补助和补贴，其所包含的项目内容可由各企业根据其自身实际情况加以选择和实施。总的来说，职工福利属于递延支付范畴，并且企业职工福利计划提供的项目日益增多。因此，我们设计题项 b6，通过了解企业是否有一个相对完善的福利保障计划来反映企业货币形式员工责任履行状况。职工福利中按照国家法律法规和政策规定必须发生的项目被称为基本福利或者法定福利。其特点是只要企业建立并存在，就有义务、有责任且必须按照国家统一规定的福利项目和支付标准支付，不受企业所有制性质、经济效益和支付能力的影响。生育保险、养老保险、医疗保险、工伤保险、失业保险以及疾病、伤残、遗属三种津贴是其中的基本内容。企业必须在法律框架下承担上述相关义务，这属于企业对员工承担的法律责任。从这个角度看，我们可以通过了解企业是否按时足额缴纳社会保险费来反映企业货币形式员工责任履行状况，并设计题项

b7 用以衡量企业是否按时足额为职工缴纳社会保险费。

综上所述，结合多位学者的相关研究并结合我们在油品销售企业调研所得的具体情况，选择上述 7 个题项用以衡量油品销售企业在履行货币形式员工责任方面的表现。具体内容如图 4 – 1 所示。

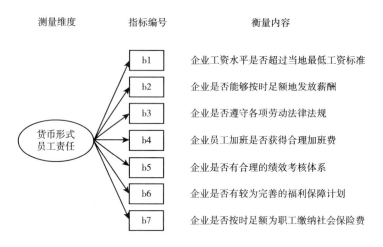

图 4 – 1　货币形式员工责任测量指标

（2）非货币形式员工责任测量变量选择。相较于货币形式员工责任，企业非货币形式员工责任的履行在感知度方面有所弱化，但从长期来看，仍在员工激励中发挥着很大的作用。非货币形式员工责任的具体表现形式非常多样，并且在不同行业类型企业中也存在差异。王彬彬（2020）认为其一般都涉及企业内部对员工的受尊敬和关爱的程度、员工学习培训和自我实现、企业内部员工个人晋级通道等内容。本部分在充分考虑油品销售企业的经营活动特点、经营场所地理位置及环境等差异性因素的基础上设计具体题项。

油品销售企业的一线员工都在加油站点工作。当顾客驾车驶入加油站，加油员需要快速响应，完成加油操作。因此，受到顾客流量的影响，加油员在工作期间没有固定的休息和就餐时间。因此，工作场所对小食堂、活动室等基本福利设施有一定需求。这也体现了企业对一线员工的关爱。朱月乔、周祖城（2020）的研究也认为企业为员工提供基本保障设施会直接影响员工的幸福感。因此，设计题项 b8 了解企业是否有基本福利设施来反映企业非货币形式员工责任履行状况。

员工的身体健康状况一直都是企业履行员工责任所关注的重要内容，定期体检制度也已经成为越来越多企业福利计划中的基本内容。加油站点作业场所特殊，并且加油员在工作时需要经常往返于室内与室外加油机之间。这对员工的身体素质和健康程度都有较高的要求。因此，设计题项 b9 衡量企业是否定期组织员工进行体检，以这种非货币性方式保障员工的健康，履行员工责任。

对员工心理状况的关注和关怀日益成为企业管理者新的工作内容。李姣（2018）对深圳部分中小型企业 735 名员工进行了一项关于心理和精神压力的调查，发现约 29.0% 的被调查者都认为中小型企业对于员工在心理和精神压力等方面的重视不够。第 3 章中的相关分析表明，中国石油一贯重视员工心理健康状况，常年开展心理疏导并开设有心理辅导专线。油品销售企业一线人员的工作场所相对固定，工作强度偏大，个别加油站点分布在较为偏僻的道路旁。员工容易产生对工作环境的倦怠感、工作操作的疲劳感等负面情绪。因此，关注员工心理状况并及时给予专业疏导，是油品销售企业履行员工责任的重要内容。由此设计题项 b10 衡量企业是否在员工心理状况方面有所投入，重视员工的心理健康。

安全生产是企业履行员工责任的重要组成部分。企业有义务完善自己的劳动保障制度，为广大员工创造一个安全的生活和工作条件（李祥进等，2012；钟原等，2017）。并且朱月乔、周祖城（2020）的研究也表明，更好的工作环境将直接影响员工的幸福感。油品销售企业销售的汽油、柴油、天然气等产品，对作业安全也有着极高的要求。因此，设计题项 b11 衡量企业是否为员工提供了安全的工作环境。

创新型企业的建设离不开组织的学习能力，更离不开员工的学习能力。组织、鼓励员工参与各种技能培训，是企业及时更新技术手段、保持创新能力的重要手段。并且在员工技能学习方面的投入最终能够以员工效率提升、企业获利能力提高等方式影响企业绩效。也有助于提升员工对组织的归属感，增强企业的凝聚力。因此，设计题项 b12 测量企业是否鼓励、支持员工的技能学习。

员工职业生涯规划是员工对企业和自身能力认识的自我规划，也代表着公司在未来发展过程中为员工职业生涯提供的价值实现平台。郝云宏和汪月红（2008）认为，企业有责任帮助员工制定合适的职业生涯规划，帮助员工实现成长。刘镜等（2020）则提出，员工对于企业生涯的规划和管理能力将直接影响到他们职业生涯的层次高度和宽泛性，企业对员工实施职业生涯规划能力的关注和激发可以积极促进员工的创新行为。我们认为，员工对企业的期望不是仅仅局限于经济利益的保障，员工同样期望能够在工作中通过职务晋升实现自己的成长并体现个人价值。即企业应当构建良好的晋升通道，让员工有机会实现与企业的共同成长。因此，设计题项 b13 测量企业是否设置了良好的内部晋升通道。

企业组织的技能培训活动，通常由企业直接承担相关费用，是一种非货币形式的员工福利。在知识技术快速更新的时代，企业有义务履行对员工再教育的责任（郝云宏，汪月红，2008；钟原等，2017）。并且不断提高全体员工的专业文化素养和专业技术素质，能够更好地满足公司经济发展与个人成长发展的需求（朱月乔，周祖城，2020）。而由企业提供的培训学习机会是否公平，是员工感知组织氛围的重要途径。因此，设计题项 b14 衡量企业是否为员工提供公平的职业培训和学习机会。

企业对员工的关爱还应该延伸至对员工生活的关怀爱护。对于生活有困难的员工给予帮助，更能够体现企业对员工的尊重和爱护。有助于弘扬传统美德，建立互敬互爱的组织氛围。因此，设计题项 b15 来衡量企业是否对生活有困难的员工给予特殊帮助。

员工的生活状态显著影响员工情绪，进而可能会对员工的工作状态产生影响。并且工作—生活平衡促进政策也增加员工幸福感（朱月乔，周祖城，2020）。因此，设计题项 b16 测量企业是否关注员工的生活需求。

员工是企业价值的直接创造者。保障员工的知情权、参与权、表达权和监督权，切实维护好员工的民主权利，是现代公司治理的基本理念。国有企业中的工会组织、职工代表大会制度、职工代表座谈会、厂务公开等基层民主管理制度，畅通了员工发声通道，保障了员工民主参与、民主管理和民主监督的权利。郝云宏、汪月红（2008）的研究也认为，企业管理者有义务和责任为其员工提供民主参与企业治理的途径和机会。因此，设计题项 b17 衡量企业是否尊重员工的民主权利和合法权益。

综上所述，结合多位学者的相关研究并结合我们在油品销售企业调研所得的具体情况，选择上述 10 个题项用以衡量油品销售企业在履行非货币形式员工责任方面的表现。具体内容如图 4 - 2 所示。

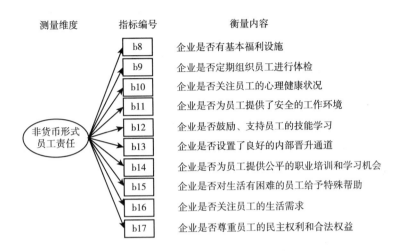

测量维度	指标编号	衡量内容
	b8	企业是否有基本福利设施
	b9	企业是否定期组织员工进行体检
	b10	企业是否关注员工的心理健康状况
	b11	企业是否为员工提供了安全的工作环境
非货币形式员工责任	b12	企业是否鼓励、支持员工的技能学习
	b13	企业是否设置了良好的内部晋升通道
	b14	企业是否为员工提供公平的职业培训和学习机会
	b15	企业是否对生活有困难的员工给予特殊帮助
	b16	企业是否关注员工的生活需求
	b17	企业是否尊重员工的民主权利和合法权益

图 4 - 2 非货币形式员工责任测量指标

4.2.2 员工感知维度设计及变量选择

4.2.2.1 员工感知概念及其维度设计

由员工感知的企业履行员工责任的行为，能够提高员工组织认同（Brammer et al. , 2007；Hansen et al. , 2011）、员工工作满意度（Valentine and Fleischman，2008）并提高员工忠诚度（Bhattacharya et al. , 2008）。更进一步地，员工感知的企业员工责任履行会影响员工行为，并最终传导至企业绩效表现。国内的相关研究也印证了这一传导路径。陆玉梅等（2016）的研究表明，企业履行员工责任实质上是一种员工激励行为。增加员工责任投入不仅可以直接产生更大的激励效应和企业经济价值，还可以通过员工组织认同和员工忠诚度来作用于企业绩效。因此引入员工感知作为模型的中介变量。

员工感知的企业员工责任履行会分别反映在员工心理和员工行为两个层面上。在心理层面，当员工感受到并认可企业履行员工责任的行为时，会形成员工组织认同。组织认同是一种对组织产生的归属感，是对组织身份特征的一种自我强化过程，是个体对组织的认知过程，从而达到个人目标和组织目标有效整合的心理和情感认同（王永明，2016）。从这一角度来看，员工组织认同其实也反映了员工期望与员工实际感知的差异。当差异程度较小时，意味着员工期望得到了较好的满足，员工组织认同度就较高；当差异程度较大时，意味着员工期望满足度偏低，则员工组织认同度偏低。员工组织认同可以不仅表现为员工对企业文化、组织氛围的认可；还表现为员工对于企业分配机制、领导干部水平以及整体素质的高度重视与认可；并且也表现为员工对组织的满意程度和心理归属程度。这一员工心理层面的感知评价，会通过影响员工的工作绩效进而影响企业绩效。在员工行为层面，员工感知的企业员工责任履行会表现为员工忠诚度。员工忠诚度最早用于解释员工离职决策。随着时代的变换，忠诚的本质并没有发生改变，但却被赋予了更加丰富的内涵。目前员工忠诚度被普遍用于衡量员工对所属企业的奉献程度。

在调研访谈过程中，我们感受到油气销售企业员工对企业组织的高度认同。绝大多数员工认可企业在员工责任履行过程中的付出，并表达了员工个人对组织的归属感和集体荣誉感。对于近年来企业经营所面临的困难，员工普遍表示愿意与企业共同进退。尤其在中年员工中，基本没有离职的打算。

综上所述，我们将员工感知维度划分为员工组织认同和员工忠诚两个维度。

4.2.2.2　员工感知测量变量的选择

首先，以下将借鉴前人研究成果，为员工感知的两个维度选择具体的测量变量。

（1）员工组织认同测量变量选择。员工组织认同首先来源于员工对组织氛围的感知。亨普希尔（Hemphill，1957）编制的"集体维度描述量表"（GDQ）对组织氛围的衡量包括正式程序、明确目标、成员间相互理解、地位水平、自主性、参与决策、稳定与进步、入职难度、会员同质化、参与度高、对会员的控制力强、氛围宜人、凝聚力强等内容。王士红等（2013）的实证研究从友善关系、创新性氛围和公正性氛围 3 个方面对企业组织氛围进行了衡量。王仙雅等（2014）选取信任、沟通、情感和公平，作为企业组织氛围量表的 4 个维度。阳芳、韦晓顺（2016）的实证研究证实了组织制度信任、组织关系信任分别与员工工作适应、制度认可存在正相关关系。因此，我们认为企业履行员工责任的行为能够在组织内部营造民主和谐的组织关系文化；创造平等及相互尊重的工作环境；给予员工足够的信任；允许员工充分表达自己的观点；积极参与企业活动等。而员工对上述保障员工基本权益行为的感知是形成员工组织认同的起点。当员工感受到自己是被尊重的、有价值的，所在组织与其他组织相比会充满了优势和组织吸引力，从而增强了员工对组织的信任和自豪感，进而形成员工的组织认同。油品零售经营活动一般采用 7/24 的不打烊销售模式，因此工作安排普遍采用分班组的形式组织。在与油品销售企业员工访谈中，我们了解到员工通过例会等方式可以对场站管理充分发表自己的意见建议，团队成员关系融洽、友好。员工普遍有着较高的集体归属感和责任感。基于上述理论分析和实地调研，我们设计题项 c1 ~ c4。具体来说，题项 c1 用于衡量企业内部氛围是否民主和谐，这也是测量友好关系氛围的代表性问题；题项 c2 用于衡量企业是否尊重并平等地对待每一位员工，它是测量公平氛围的代表性问题；题项 c3 用于衡量上级能否给员工足够的信任，它是测量信任氛围的代表性问题；题项 c4 用于衡量企业是否注重与员工的沟通交流，它是测量沟通氛围的代表性问题。

　　其次，企业薪酬分配的合理性对员工组织认同具有较为直接的影响。王彦斌与赵晓荣（2009）的研究认为，组织成员对组织的利益性组织认同心理更多的是以经济性利益为主要需求对象的。这一类组织认同心理对于组织来讲，是组织能够吸引个体参与组织活动的基础。因此，薪酬作为组织为员工所提供的基本物质保障，体现了企业对员工工作成就的评价结果。恰当的报酬支付与科学的薪酬结构，在保证员工合理地经济收入的同时，也体现了员工物质利益与组织发展的一致性，体现了企业对员工价值的肯定，并进一步增强员工的组织认同。在与油品销售企业员工访谈中，我们了解到员工对企业薪酬基本满意，并认为企业不断完善的绩效考评和薪酬结构体系基本体现了公平原则。尤其在新冠肺炎疫情影响下，员工对企业的薪酬支付表达了充分的信任感和依赖感。由此，设计题项 c5 "就我的工作付出而言，我所得报酬是公平合理的"，以及题项 c6 "企业的薪酬构成是合理的"，以此来衡量员工对企业薪酬水平的感知及由此带来的组织认同。

再次，员工组织认同的核心是对企业目标和企业文化的认同感。当员工认同企业目标和企业文化并主动将其内化为自己的行为准则时，就会表现出员工组织认同行为。由此，设计题项 c7 用以衡量员工是否认同当前的组织目标和企业文化。

最后，员工组织认同度的高低还会受到员工在企业工作中获得感和满足感的影响。德斯勒（Dessler，1980）把员工的个人健康、安全、成长、自尊等各种需求，从工作或工作结果中所获满足的程度定义为工作满意度。周祥荣（2013）的实证研究表明，员工在工作中所形成的各种主观感受与员工的组织认同度显著正相关。殷瑜（2018）的相关研究也指出，员工的各种个人气质、与上司及同事的和谐水平、工作有效价值观、各种个人价值的潜在增值、未来晋升空间以及薪水和社会福利待遇等，是影响员工工作满意度的突出因素。因此，设计题项 c8 用于衡量工作带给员工的成就感。

综上所述，结合多位学者的相关研究并结合我们在油品销售企业调研所得的具体情况，选择上述 8 个题项用以衡量油品销售企业员工组织认同状况，并以此代表员工对企业履行员工责任的感知评价。具体内容如图 4 – 3 所示。

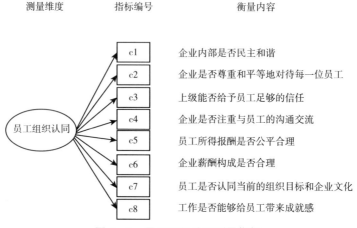

图 4 – 3 员工组织认同测量指标

（2）员工忠诚度测量变量选择。国外对员工忠诚度的研究主要从态度忠诚和行为忠诚两个角度开展。其中，行为忠诚强调员工对企业的贡献，以员工表现出来的对企业的一系列具体行为为标准，评价员工忠诚程度（Bob，1999）；而态度忠诚的相关研究，偏重于从员工的认识、情感和行为倾向方面衡量员工的忠诚度（韦尔马 Verma，1985）。迈耶和艾伦（Meyer and Allen，1991）将员工忠诚定义为员工遵从企业核心价值理念，代表了员工和企业之间关系的一种心理状态，并有助于形成愿意继续留在企业竭尽全力工作的决定。他们认为员工忠诚包括情感忠诚、规范忠诚和持续忠诚三个部分。其中，情感忠诚泛指企业员工对于组织的各种情绪依赖、认同和投入；规范忠诚泛指员工在工作过程中履行职责和义务时做出的符合企业组织制度规范的行动；持续忠诚则是指员工由于不愿离职而表现出的对企业组织的忠诚。理查德（Richard，2005）则从道德价值观的角度讨论员工忠诚问题。

在我国的员工忠诚度相关研究中，相关定义和分类标准也不够统一。张兰霞（2008）从心理契约的角度，认为忠诚表现为员工的道德操守，又体现了企业与员工平等交往中的契约关系，因此员工忠诚是一种契约性忠诚。谢玉华等（2010）认为员工忠诚的内在实质主要在于情感忠诚、持续忠诚和规范忠诚三个方面。他们进而通过分析将态度忠诚、主动忠诚和事业忠诚归类于情感忠诚；将行为忠诚、被动忠诚及个人忠诚归类为持续忠诚；将契约道德层面的忠诚归类于规范忠诚。周勇和张慧（2010）把对全体员工的职业忠诚从低到高分别进行划分并形成四个核心维度，分别是客户满意和个人喜好的忠诚、信任和值得认同的忠诚、责任和完成使命的忠诚、贡献和价值回归的职业忠诚。闫向连、油晓峰（2012）认为员工忠诚是指员工对企业的认同和竭尽全力的态度与行为。具体表现为在思想意识上与企业价值观和政策等保持一致；在行动上尽其所能为企业作贡献，时刻维护企业集体的利益。陈勇（2017）提出对企业员工的基本忠诚主要内容包括业务行为和工作态度的基本忠诚。并且只有态度忠诚才能在行动中获得实质性忠诚。陈帅等（2020）以滴滴出行为研究对象，探讨共享经济背景下半契约型员工忠诚度的形成机制。研究发现，感知企业权益保障、感知企业伦理和感知企业服务质量是滴滴出行员工忠诚度的主要影响因素。

综合上述观点，本书认为员工忠诚度应该是基于道德基础之上的行为忠诚和态度忠诚的统一。员工忠诚在行为上应表现为员工竭尽全力工作，并且离职意愿低；在态度上应表现为员工主动将自己视为企业的一分子，并且为企业获得的荣誉成绩感到骄傲，同时也不愿意看到关于企业的负面消息及评论。在与油品销售企业员工的访谈过程中，员工普遍表现出较强的集体荣誉感，会主动为企业涉及的负面消息做出澄清解释，并明确表示愿意为企业多做贡献。因此，设计题项 c9 "我是企业大家庭中的一分子"，以此衡量员工对企业的态度忠诚；设计题项 c10 "我关注企业发展，愿意贡献自己的力量"，以此衡量员工对企业的行为忠诚；设计题项 c11 "我为企业的成绩而骄傲" 和 c12 "我不愿意看到企业的负面消息"，分别衡量员工对企业成绩和遭受批评时的态度反应；设计题项 c13 "我不会考虑离开企业"，通过了解员工离职意愿衡量员工行为忠诚。测量指标的具体内容如图 4 – 4 所示。

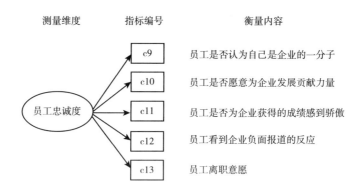

图 4 – 4　员工忠诚度测量指标

4.2.3　企业绩效评价内容设计及变量选择

4.2.3.1　企业绩效评价概念及其内容设计

科学进行企业绩效评价一直是理论界和实务界共同关注的焦点问题，国内外学者进行了大量的研究和探索。企业的绩效评价是通过科学的技术方法和手段，客观准确地衡量某一特定时期企业的经营成果并以此为基础推断其未来发展前景的管理方法。企业绩效评价的最终目标是要通过绩效评价诊断企业经营管理中存在的问题，配合科学的激励机制设计，最终努力实现企业绩效的持续改进。随着管理理论和数字技术的发展，企业绩效评价的方法手段也在不断进步。

在绩效评价的初始阶段，企业绩效评价体系是以成本绩效为核心的。其评价指标主要是反映成本发生以及成本效率的指标，如每磅成本、原材料消耗金额、每小时人工成本等（李立群，王礼力，2017）。在此阶段，企业绩效评价主要是为了满足内部管理的需求。随着企业规模的扩张，位于企业外部的利益相关者产生了绩效评价的诉求，企业绩效评价体系也随之调整。沃尔评分法、杜邦财务分析体系等以财务指标为核心的绩效评价方法成为主流。并且随着评价需求的变化，不断补充新的指标。20 世纪 90 年代以来，随着利益相关者理论、战略管理理论的兴起，各种非财务绩效评价指标受到人们的日益重视。经济增加值（EVA）评价方法、平衡计分卡（BSC）等方法得到广泛推广应用。

通常来看，企业绩效评价一般主要包括两部分内容：一是对企业财务绩效的评价，主要包括企业盈利能力、营运能力、偿债能力和发展能力等四方面的长期和短期指标评价；二是对企业非财务绩效的评价，主要包括企业声誉、品牌口碑、社会评价等方面内容。与企业财务绩效相比，非财务绩效在短时间内难以提高，需要企业管理者长期的经营管理（王晓丽，2019）。毫无疑问，财务绩效是企业业绩评价的根本内容，但结合非财务绩效的企业绩效评价才更具备评价的全面性和科学性。

因此，本次研究将企业绩效分为财务绩效和非财务绩效两部分。其中，企业财务绩效主要衡量企业运用经济资源获取经营成果的能力，如盈利水平、偿债能力、发展状况等；企业非财务绩效则侧重于衡量企业所获得的社会认可程度，如企业是否拥有良好的品牌、社会形象等。

4.2.3.2　企业绩效评价测量变量的选择

企业绩效评价体系中指标的选择并没有一个统一的口径。本次研究在梳理已有研究的基础上，整理了企业绩效评价中常见的财务指标及非财务指标。具体内容如表 4 - 3 所示。

表4-3　　　　　　　　　　常见企业绩效评价指标

财务指标				非财务指标
盈利能力	偿债能力	营运能力	发展能力	
净资产收益率	流动比率	应收账款周转率	营业收入增长率	市场占有率
总资产报酬率	速动比率	存货周转率	净资产增长率	研发成功率
销售净利率	现金比率	流动资产周转率	总资产增长率	品牌美誉度
销售毛利率	资产负债率	固定资产周转率	净利润增长率	员工满意度
成本费用利润率	产权比率	总资产周转率		市场反应力
主营业务利润率	已获利息倍数	净营业周期		生产事故发生率
……	……	……	……	……

　　然而在与油品销售企业员工的访谈过程中，我们发现大多数员工无法清晰描述企业的具体经营结果数据，也不了解相关财务指标的具体含义，所以直接选择财务指标的方式评价油品销售企业财务绩效是不可行的。并且由于本次研究采用结构方程模型，也不适合选取具体的百分比指标进行评价，只能采用量表设计。因此，我们选择了员工所能感知到的财务指标和非财务指标。

　　通过访谈，我们发现员工对非财务指标中的品牌及企业社会形象有着较为充分的了解，并且多数员工对销售环境变化有着较为敏感的感知。因此设计题项 d1 衡量员工对企业形象及品牌的评价；设计题项 d2 评价企业的市场反应能力。在财务绩效指标的选择上，我们发现油品销售企业员工对企业财务绩效的评价内容比较简单，通常仅关注企业获利能力和发展能力，对企业偿债能力和营运能力相关指标考虑较少。因此设计题项 d3 评价企业的获利能力；设计题项 d4 评价企业的发展状况。测量指标的具体内容如图4-5所示。

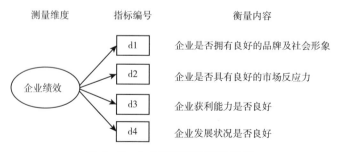

图4-5　企业绩效评价测量指标

在完成上述研究因素的维度分析和具体测量指标的选择后，即形成本次研究的调查问卷。具体内容见附录。

4.2.4　研究假设的提出

4.2.4.1　履行员工责任对企业绩效的直接影响效应假设

关于企业履行员工责任对企业绩效产生直接影响这一观点，多篇文献的实证检验都予以证实。丁栋虹、陈学猛（2013）利用中国 6 个行业上市公司的数据进行实证研究，证实了员工责任与企业绩效显著正相关。赵芸、李常洪（2014）对于不同行业的实证研究都证明了企业履行员工责任的效果与企业经济绩效之间呈现显著正相关的关系。陆玉梅等（2016）的研究显示，企业增加员工责任投入不仅能提高员工的工作努力程度，增强员工的绩效分享，也能增大企业本身的经济效益。彭荷芳等（2016）利用对江苏省 238 家民营企业管理人员的调研数据进行实证检验。结果显示，员工社会责任行为对企业绩效存在显著的正向影响作用。俞欣等（2018）借助模型分析，得出了一个企业履行全体员工责任的行为对于企业绩效发展具有直接正向影响的结论。吴芳、张岩（2021）基于工具性利益相关者的视角，利用中国 A 股上市公司的数据进行实证分析。研究结果表明，善待员工的企业具有更高的创新绩效；同时，在组织创新氛围越强以及环境动态性越大的情境下，员工责任对创新绩效的促进作用越显著。

货币形式员工责任是员工所能感知到的最根本、也是最直接的员工责任。员工的基本生理需求得不到解决，将会为企业的经营发展带来无法预估的损失与风险（贺伟，龙立荣，2010；杜闰平，2020）。员工薪酬福利是员工激励机制中最重要的因素，是受到劳动法规保护的员工基本权益。按期足额支付员工薪酬不仅是企业的责任，更是企业的法定义务。郝云宏、汪月红（2008）的研究直接证实了企业对员工的经济责任同时影响了企业的财务绩效和非财务绩效，并且其作用途径是直接影响。汪柳洋（2019）的研究认为，员工的福利和薪酬待遇水平比较低是近年来造成企业知识型人才流失的主要客观原因。而人才流失必将影响企业长期绩效表现。企业以货币形式履行的员工责任能够直接满足员工的各种生活需求，带来直接的员工激励效果，促使员工在工作中积极投入，从而实现良好的企业绩效表现。若企业在货币形式员工责任履行过程中存在故意拖延或无力支付等情况，则会极大地影响员工的工作积极性，直接拖累企业绩效表现。

因此，提出假设 1（H1）：

假设 1（H1）：企业履行货币形式员工责任能够直接正向影响企业绩效。

如前文所述，本次研究将企业为员工提供的健康保障、工作环境改善、技能培训、内部晋升通道、人文关怀等方面的责任承担，归类为非货币形式员工责任。非货币形式员工责任承担对员工的经济激励作用可能有限，但是却在彰显企业关爱员工、提供员工成长机会与平台等方面效果显著。

首先，油品销售企业属于危化品零售行业，经营场所具有一定的安全风险。虽然企业在工作环境改善等方面的投入，如进行 HSE 建设、加装安全设施等，会直接增加企业的经营成本。但其相关投入能够在防范经营安全隐患、减少安全事故发生等方面实现隐性的成本节约，从而保证经济效益的实现；其次，基于马斯洛需求层次理论，保障员工健康与安全仅次于对其生理需求的满足。因此企业在员工身体健康方面的投入，如提供健康体检、职业病防治、疗养休假、补充医疗保险政策等措施，都会引起员工的积极工作反应。另外，员工心理健康也一直是石油企业关注的主要方面。在新冠肺炎疫情期间，企业心理健康咨询热线积极为员工及其家属提供服务，确保了经营活动的正常开展和安全平稳运营；再次，在知识经济时代，企业对员工的教育培训投入将得到员工的极大认可并进而体现在其工作绩效当中。韩志刚（2019）的实证研究表明，铁路施工企业对员工的关心和对员工学习成长的投入每增加一个单位，企业绩效就会增加 0.85 个单位；最后，企业对员工合法权益的尊重、对困难员工的人文关怀等举措，有助于形成积极温暖的企业文化，让员工在工作过程中没有后顾之忧，能够全身心投入其中并提高工作效率，进而提高企业绩效。

因此，提出假设 2（H2）：

假设 2（H2）：企业履行非货币形式员工责任能够直接正向影响企业绩效。

4.2.4.2　履行员工责任对员工感知的影响效应假设

员工感知意味着企业履行员工责任的行为会在企业与员工之间建立起物质及情感方面的联系。经由员工感知，员工在认可企业员工责任承担的行为时，也会对企业产生心理上的认同并在行为上愿意与企业保持一致性。

（1）履行员工责任对员工组织认同的影响效应假设。万（Van，2000）认为，企业员工责任执行较好的企业会强化员工组织认同感，并使其自愿为实现企业目标而努力工作。格拉瓦（Glavas，2013）的研究表明，企业社会责任履行会有效提升员工的组织认同。根据组织认同理论，如果企业积极履行社会责任，对外会在社会中树立一种积极的企业形象，增强员工的组织自豪感；对内通过提供优越的员工福利，可以增强员工的自尊。哈米德（Hameed，2016）等人通过对巴基斯坦五家大型跨国公司414名员工的调研，证明了内外部企业社会责任分别通过感知到的尊重和声誉正向影响员工的组织认同。何奎（2017）的实证分析表明，企业员工责任及其各维度对组织情感承诺有正向影响。付非、赵迎欢（2017）的研究证实了企业履行社会责任能够对员工组织认同产生显著的正向影响。因此企业社会责任履行使员工通过对所在企业与其他企业对比，形成有利感知和社会认同，认为自己所在企业优于其他企业，进而形成积极的组织认同。

具体到员工责任履行方面，企业如果做到关心员工薪酬福利、保障员工合法权益，注重员工发展，会增强员工感知到的骄傲和尊重，增强对组织的认同感。员工的工作付出不再仅仅是理性契约责任，也是因为自己对企业产生了情感认同与依赖。组织认同的建立，能够促使员工更加积极地参与企业活动；自觉践行企业价值理念；主动将企业目标内化为自己的行动指引；积极维护并宣扬企业文化，最终形成员工个人对企业组织的归属感。罗艳梅（2020）的研究表明，企业充分的、有吸引力的薪酬支付有助于营造良好的组织创新氛围。员工在有效的薪酬激励下，企业及其他员工所要求的信息交流与合作的意愿更容易得到满足，有助于形成和谐、互相尊重、沟通顺畅的组织氛围。另外，如果企业的薪酬设计缺乏竞争性和公平性，则容易导致员工对薪酬的不满，影响员工的工作积极性和创造性。而当企业以公平的方式回应员工的付出时，员工会倾向于以更加高效的工作方式来回应。

因此，提出假设3（H3）：

假设3（H3）：企业履行货币形式员工责任能够正向影响员工组织认同。

相较于受到劳动法规约束的货币形式员工责任履行，企业以人文关怀、权益保障、提供学习机会等方式履行的非货币形式员工责任，则更容易营造出尊重、理解和信任的组织氛围，从而可能更好地实现员工对组织的情感认同。即非货币形式员工责任承担更容易使全体员工感受到企业的信任和关怀，营造出一种良好的、沟通顺畅、关系和谐的团队组织环境。孙苒等（2019）针对电网企业的分析表明，增强员工的身体机能，提高身体素质，放松心情，有利于企业营造共享合作的组织氛围。吕婉晖、张尚（2020）对建筑行业从业人员的分析表明，员工晋升和学习培训是影响组织气氛的重要因素，公平对待员工，有助于营造和谐组织氛围。胡晓辉等（2020）认为，员工在个人工作和职业发展中受到领导和同事的支持程度越高，组织氛围的质量就越好。王哲、张爱卿（2019）指出，通过搭建企业内部晋升通道、提供平等的培训机会，给员工提供充分的职业成长空间和机会，有助于企业形成良性竞争与发展的工作环境，保证企业内部的和谐稳定，形成尊重、理解和信任的组织氛围，从而不断强化员工的组织认同感。

综上所述，内部企业社会责任通过提供良好的职业培训和晋升机会、创造公平的就业环境、维护和谐的劳资关系、尊重员工的民主权利和合法权益，使员工感受到自己是被尊重的、有价值的，所在组织与其他组织相比充满了优势和组织吸引力，从而增强了员工对组织的信任和自豪感，进而有效提升员工的组织认同。并且除了工作中的和谐信任关系之外，企业在对困难职工帮扶方面的投入等，都会显著提升员工对组织的情感认同，产生对企业的归属感。

因此，提出假设4（H4）：

假设4（H4）：企业履行非货币形式员工责任能够正向影响员工组织认同。

（2）履行员工责任对员工忠诚度的影响效应假设。企业提供的薪酬和福利水平通常都会极大地影响员工对企业的态度。当企业有能力提供充足的物质回报时，员工的工作积极性和主动性都会得到有效激发，在行为上更倾向于与企业期望保持一致。在陈帅等（2020）对滴滴出行的研究中，滴滴驾驶员认为企业所支付的劳动力工资福利与自身劳动力的价值相等，员工对自己和企业的信任就越大。陈明霞（2019）认为，通过完善企业的内部薪酬和福利制度，合理地调整薪酬结构，提高企业薪酬水平和福利待遇水平，可以有效提高员工忠诚度。丰厚的薪酬福利，合理的薪酬结构，有助于员工形成稳定的行为预期，有效低离职意愿。并且企业提供丰厚物质回报的能力，也能够显著提升企业在劳动力市场中的吸引力，帮助企业吸引人才、留住人才，促进企业的长期发展。

因此，提出假设 5（H5）：

假设 5（H5）：企业履行货币形式员工责任能够正向影响员工忠诚度。

员工忠诚度是企业生存的基础，这将对企业的成本控制和竞争力产生一定的影响。保障工作场所安全、守护员工身心健康是企业不可推卸的责任。朱文静（2020）指出，无论是脑力劳动还是体力劳动，员工的健康安全始终是企业关注的重点。企业采取措施守护员工的身心健康，必然会提高员工的忠诚度。

终身学习是知识经济时代对每一个人的挑战。企业加大对于员工的学习和成长投入，可以推动人才培养、利用和成长管理体制机制的改革创新，塑造创新型员工，打造创新型企业。企业为员工个人发展提供帮助和支持，重视员工职业生涯规划，有利于员工自我价值的提高和自身能力的发展，进而提高员工的忠诚度（陈勇，2017；徐菲，2020）。并且企业为员工提供的培训和晋升机会越多，员工离职意愿会越低（沈建兰，彭正龙，2010）。

企业的人文关怀能够激发员工爱岗敬业，增强员工对企业的信任感和情感依赖。金华（2013）对野外作业人员的调查显示，注重培养知识型员工的组织归属感，不仅可以有利于培养和提高企业的生产率和价值，而且还有利于激发员工的爱岗敬业精神，提高知识型企业员工企业的信任心和忠诚度。

谢玉华等（2010）的研究指出，员工参与及其各维度与员工忠诚度正向显著相关。在此基础上，陈明淑、周帅（2018）基于中国情景研究参与式管理对新生代员工忠诚度的影响。实证研究结果表明，参与式管理行为对新生代员工忠诚度均具有正向影响。

因此，提出假设6（H6）：

假设6（H6）：企业履行非货币形式员工责任能够正向影响员工忠诚度。

4.2.4.3 履行员工责任影响企业绩效中员工感知的中介效应假设

（1）员工忠诚度在企业履行员工责任对企业绩效影响中的中介效应假设。在企业绩效的创造过程中，员工忠诚度是重要的内在驱动力之一。卢美月、张文贤（2006）、晁罡、袁品（2008）的研究都证实了员工的社会责任感和企业绩效的正相关关系能够借助于员工对企业的忠诚程度进一步增强。彭荷芳、陆玉梅（2015）对制造企业的实证研究表明，制造企业履行员工社会责任正向影响员工忠诚度，进而对企业绩效产生正向影响。忠诚度高的员工愿意努力为企业付出，不断为企业创造价值。

因此，提出假设7（H7）：

假设7（H7）：员工忠诚度在企业履行员工责任和企业绩效之间起中介作用。

（2）员工组织认同在企业履行员工责任对企业绩效影响中的中介效应假设。组织认同是员工感知自己对组织的价值观、目标等的内化程度。达顿（Dutton，1994）等认为员工如果对所在组织的认同感越强烈，其行为活动与组织利益就越趋于一致，同时在完成组织任务时表现得更加努力。阿尔伯特（Albert，2000）的研究表明，员工的认同程度越高，就越会自愿、主动地采取行动来维护组织的利益。里克塔（Riketta，2005）的研究认为，组织认同不仅能够揭示员工与组织之间存在的心理联系及其作用机制，而且还可以显著预测员工的工作态度和行为。李根强（2016）认为，组织认同不但能够降低员工具有的多重身份所导致的模糊性，提高他们的目标意识，还能够满足员工的自我提升愿望，从而促使他们表现出积极的工作态度和行为，来保持与组织之间的一致性。付非、赵迎欢（2017）的研究表明，企业履行员工维度社会责任会对员工组织认同产生正向影响。企业应加强履行员工维度社会责任的行为，这将有助于培养员工满意及组织认同，从而提高组织绩效及企业管理水平。

良好的组织氛围所带来的组织认同，是企业行为—员工行为—企业绩效这一影响传导链条的中介。良好的组织氛围会使员工工作更积极、更高效、更投入。当他们处在一个糟糕的组织氛围中时，员工会有一种不安全感和负面情绪（黄俊等，2016；唐孜彦，李璇，2019）。杨风等（2018）基于内部控制管理人视角，认为组织内部工作氛围在员工责任与企业效率之间起着中介作用。严姝婷、樊传浩（2020）认为，支持性组织气氛能够激发员工的积极创新行为，对企业绩效有正向影响。胡鹰、沈静文（2020）认为给予员工科学合理的薪酬，营造民主和谐的组织氛围，尊重和平等对待每一位员工，都会有利于提高员工的工作积极性并最终影响企业财务绩效。

综上所述，员工的组织认同感能够使其感受到作为组织一员所带来的自豪感，他们因此愿意通过自己的行为回报组织。通常情况下，组织认同较高的员工把组织利益当作首要考虑因素，甚至在没有外在监督的情况下也能主动表现出符合组织利益的行为。组织认同感会使员工将组织的成败与个人成就紧密联系在一起，认为组织与自己荣辱与共，以行动维护组织价值和利益。

因此，提出假设 8（H8）：

假设 8（H8）：员工组织认同在企业履行员工责任和企业绩效之间起中介作用。

4.3　本章小结

本章引入油品销售企业作为本次研究的具体研究对象，并完成了如下研究任务：

第一，详细分析了油品销售企业的工作特点及其对员工的具体要求。我们认为，油品销售企业员工的工作难度不大，对员工的学历要求并不高。但工作内容较为枯燥，工作强度较大，工作环境也存在一定的安全风险，对员工的身体素质、身体状况和心理抗压状况要求较高。

第二，对该油品销售企业近年来履行员工责任的状况进行梳理。我们发现，作为有担当的国有企业，油品销售企业在遭遇经营困境的时候仍积极履行其员工责任。但在疫情防控的要求及成本控制的巨大压力下，企业总体支出有所削减。

第三，完成研究变量的维度分解并为各研究维度选择具体的测量变量。其中，企业履行员工责任被划分为货币形式员工责任和非货币形式员工责任；员工感知被划分为员工组织认同和员工忠诚度；企业绩效包括财务绩效和非财务绩效。具体测量变量的选择即为本次调查问卷的 34 个具体问题。调查问卷见附录。

第四，在大量相关文献的支撑下，完成了油品销售企业履行员工责任对企业绩效影响的理论模型构建。我们认为，企业履行员工责任的行为在被员工感知后会影响员工行为进而促进企业绩效。为此共提出 8 个理论假设，理论模型如图 4 – 6 所示，研究假设如表 4 – 4 所示。

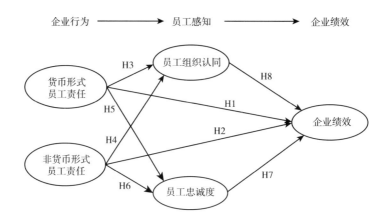

图 4 – 6　研究理论模型

表 4 – 4　　　　　　　　　　　　研究假设

假设编号	研究假设内容
假设 1（H1）	企业履行货币形式员工责任能够直接正向影响企业绩效
假设 2（H2）	企业履行非货币形式员工责任能够直接正向影响企业绩效
假设 3（H3）	企业履行货币形式员工责任能够正向影响员工组织认同
假设 4（H4）	企业履行非货币形式员工责任能够正向影响员工组织认同
假设 5（H5）	企业履行货币形式员工责任能够正向影响员工忠诚度
假设 6（H6）	企业履行非货币形式员工责任能够正向影响员工忠诚度
假设 7（H7）	员工忠诚度在企业履行员工责任和企业绩效之间起中介作用
假设 8（H8）	员工组织认同在企业履行员工责任和企业绩效之间起中介作用

第 5 章

问卷检验与研究数据收集

5.1 预试问卷分析

本次问卷设计整体上可以划分为四个部分。第一部分是对员工个人基础信息的调查，主要包括被调查人员的性别、年龄、学历、工作经验和年限以及所在的岗位层次等；第二部分是针对油品销售企业履行员工责任情况的调查，分为两个维度共 17 个题项；第三部分是针对员工感知状况的调查，分为两个维度共 13 个题项；第四部分为企业绩效的测量题项，企业绩效仅设计一个维度，共 4 个题项。本次调查问卷采用李克特五级量表测度法，员工依据自己对量表中每个题项的认知状况给出 1~5 分的评定。其中，1 表示非常不同意；2 表示不同意；3 表示一般；4 表示同意；5 表示非常同意。从 1~5 体现了对题项内容认同度的不断增强。本次调查问卷的题项设计方向统一，没有反向问题。

问卷设计完成后，应首先进行问卷预试，以进一步明确问卷题项数量和质量是否足够，问卷题项设计是否合理并易于理解。根据问卷预试的数据，可以进一步净化问卷题项，有助于优化问卷设计的合理性。

本次研究随机选择了油品销售企业下属的 10 个加油站，以现场调研的方式共获得 100 份预调数据。在调研过程中，被调查对象均可以独立完成调查问卷，基本不存在题项无法理解或含义不明确的情况。以下将通过项目分析的方法完成问卷题项的净化，通过探索性因子分析进行测量模型建构效度检验，最后完成调查问卷的信度检验。

5.1.1　预试问卷项目分析

项目分析的主要研究目的是检验第 4 章中问卷量表题项设计的可靠性，并依据检验结果指导进行题项净化，以进一步优化调查问卷的设计。

本次研究采用极端值法作为项目分析的具体方法。第一步，计算每一份预试问卷的总得分，排序后找出高低分组的临界点，进而完成分组。本次 100 个预试数据题项合计总得分介于 [52, 158] 的自然数数值区域之间，以 27% 作为分组百分比，高低分组临界点分别为 127、108。即本次预调数据中题项合计结果小于 108 的为低分组，设置为第 1 组；题项合计结果大于 127 的为高分组，设置为第 2 组。第二步，采用独立样本 t 检验法检验高低两组在每个题项的差异。达到显著性的题项将被保留，未达到显著性的题项将被删除。

表 5 - 1 列示了高低分组后各题项的独立样本 t 检验分析结果。

表 5 - 1　　　　　　　　　各题项独立样本 t 检验结果

题项编号	t 值	显著性（双侧）	题项编号	t 值	显著性（双侧）
b1	- 2.949	0.005	c1	- 5.581	0.000
b2	- 4.431	0.000	c2	- 8.283	0.000
b3	- 7.972	0.000	c3	- 6.321	0.000
b4	- 6.505	0.000	c4	- 7.713	0.000
b5	- 8.168	0.000	c5	- 5.348	0.000
b6	- 6.758	0.000	c6	- 6.467	0.000
b7	- 5.178	0.000	c7	- 3.680	0.001
b8	- 5.925	0.000	c8	- 5.789	0.000
b9	- 4.291	0.000	c9	- 2.748	0.009
b10	- 7.788	0.000	c10	- 3.033	0.004
b11	- 5.349	0.000	c11	- 4.988	0.000
b12	- 5.221	0.000	c12	- 2.103	0.040
b13	- 7.256	0.000	c13	- 4.361	0.000
b14	- 6.231	0.000	d1	- 3.694	0.001
b15	- 6.836	0.000	d2	- 5.005	0.000
b16	- 6.995	0.000	d3	- 4.244	0.000
b17	- 7.200	0.000	d4	- 5.022	0.000

由表 5 - 1 中的 t 检验结果可以发现，所有题项的独立样本 t 检验结果均达到 0.05 的显著水平，所有题项均可以保留。

5.1.2　预试问卷的探索性因子分析

利用预试数据进行探索性因子分析（EFA），目的是判断研究数据与第四章中的理论设计是否相符，进而验证本次研究中理论模型设计的合理性。EFA分析在 SPSS 软件中完成。表 5 - 2 报告了各量表预试数据的 EFA 分析结果。

表 5 - 2　　　　　　　　　　各量表 EFA 分析结果

员工责任量表 EFA 分析			员工感知量表 EFA 分析			企业绩效量表 EFA 分析	
KMO	0.940		KMO	0.920		KMO	0.789
Bartlett 球形度检验显著性	0.000		Bartlett 球形度检验显著性	0.000		Bartlett 球形度检验显著性	0.000
累计解释变异%	53.847		解释变异%	61.120		解释变异%	64.667
题项	因子 1	因子 2	题项	因子 1	因子 2	题项	因子
b1		0.625	c1	0.799		d1	0.756
b2		0.634	c2	0.848		d2	0.804
b3		0.657	c3	0.749		d3	0.842
b4		0.608	c4	0.818		d4	0.813
b5		0.715	c5	0.745			
b6		0.703	c6	0.731			
b7		0.593	c7	0.537			
b8	0.556		c8	0.627			
b9	0.484		c9		0.667		
b10	0.723		c10		0.825		
b11	0.705		c11		0.806		
b12	0.667		c12		0.758		
b13	0.746		c13		0.595		
b14	0.752						
b15	0.636						
b16	0.780						
b17	0.737						
方差百分比	31.558	22.289	方差百分比	35.994	25.125	方差百分比	64.667

由表5－2可以得知，三个测定量表中的KMO值均超过了0.5，Bartlett球形度测定的显著性水平均为0.000，说明预试数据适宜进行探索性因子分析。

从员工责任量表的EFA分析结果看，17个题项数据提取出两个特征值大于1的因子。其中，题项b8～b17为因子1，b1～b7为因子2，与第4章中的理论分析相契合。两个因子累计方差贡献率达到53.847%，可以接受。另外，大多数题项在各自因子上的载荷均大于0.6，说明量表设计区分度良好，理论模型设计中的因子构建是可行的。

从员工感知量表的EFA分析结果看，13个题项数据提取出两个特征值大于1的因子。其中，题项c1～c8为因子1，c9～c13为因子2，与第4章中的理论分析契合。两个因子累计方差贡献率达到61.120%，可以接受。另外，题项在各自因子上的载荷介于0.537～0.848，说明量表设计区分度良好，理论模型设计中的因子构建是可行的。

从企业绩效量表的EFA分析结果看，4个题项数据可以拟合为一个特征值大于1的因子，符合第4章中的理论模型设计。该因子的方差贡献率达到64.667%，对企业绩效变量的解释程度可以接受。另外，4个题项在因子上的载荷大于0.75，说明量表设计良好。

综上所述，预试问卷的探索性因子分析（EFA）结果表明，预试数据的EFA分析结果符合第4章中的相关研究维度设计，说明本次研究中理论模型设计具备合理性。

5.1.3　预试问卷信度分析

信度测量分析主要用于检验问卷调查数据结果的稳定性及统计一致性。问卷中的信度值越大，则其测量标准差越小，表明问卷设计质量较好。另外，预试问卷的信度分析结果可以帮助我们进一步净化题项，提高问卷设计质量。

最普遍地用于李克特式量表的信度检验指标为克伦巴赫阿尔法（Cronbach's alpha）系数。该系数越大，则表示量表的内部一致性越好。通常认为，该系数最好大于0.60。高于0.90的系数则说明内部一致性非常理想。并且不但要对量表各维度进行信度检验，还需要对量表整体进行信度检验。

另外，修正后的项与总计相关性这一指标越高，表明某一题项与其余题项的内部一致性越高。以 0.4 作为该项指标的判断标准。如果某题项修正后的项与总计相关性这一指标值低于 0.4，则意味着这一题项与其余题项的内部一致性越低，可以考虑删除该题项以提高问卷质量。

以下分别进行各量表的信度检验。

5.1.3.1　员工责任量表信度分析

表 5 - 3 列示了员工责任量表各维度及量表整体信度分析的结果。

表 5 - 3　　　　　　　　员工责任量表信度分析结果

题项编号	修正后的项与总计相关性	删除项后的Cronbach's alpha	各维度Cronbach's alpha	修正后的项与总计相关性	删除项后的Cronbach's alpha	量表整体Cronbach's alpha
b1	0.294	0.828		0.349	0.922	
b2	0.530	0.786		0.520	0.917	
b3	0.707	0.749		0.703	0.912	
b4	0.557	0.783	0.808	0.517	0.918	
b5	0.625	0.769		0.618	0.914	
b6	0.686	0.760		0.620	0.914	
b7	0.500	0.793		0.582	0.915	
b8	0.578	0.902		0.575	0.916	
b9	0.565	0.901		0.570	0.916	
b10	0.633	0.898		0.636	0.914	0.919
b11	0.559	0.901		0.533	0.916	
b12	0.658	0.897		0.638	0.915	
b13	0.740	0.890	0.905	0.725	0.911	
b14	0.741	0.890		0.711	0.912	
b15	0.685	0.894		0.686	0.912	
b16	0.809	0.886		0.768	0.910	
b17	0.718	0.891		0.713	0.911	

首先从各维度的信度结果来看，员工责任第一个维度上的 Cronbach's alpha 系数为 0.808，说明第一个维度的内部一致性较为理想。但是题项 b1 修正后的项与总计相关性仅为 0.294，低于 0.4 这一判断标准，说明题项 b1 与同一维度的其他题项（b2～b7）内部一致性较低。并且其删除项后的 Cronbach's alpha 系数为 0.828，高于维度的 Cronbach's alpha 系数 0.808，说明若删除 b1 题项，则有助于提高该维度的信度水平。其余题项（b2～b7）修正后的项与总计相关性数值介于 0.500～0.707，均高于 0.4，说明各题项与其他题项的内部一致性较好。b2～b7 题项删除项后的 Cronbach's alpha 系数值介于 0.749～0.793，均低于维度的 Cronbach's alpha 系数 0.808，说明若删除某一题项，则反而会导致该维度信度水平的降低。员工责任第二个维度上的 Cronbach's alpha 系数为 0.905，说明其内部一致性较为理想。各题项（b8～b17）修正后的项与总计相关性数值介于 0.559～0.809，均高于 0.4，说明各题项与该维度上其他题项的内部一致性较好。员工责任第二个维度上各题项的删除项后的 Cronbach's alpha 系数值介于 0.886～0.902，均低于该维度的 Cronbach's alpha 系数 0.905，说明若删除某一题项，则反而会导致该维度信度水平的降低。

其次从量表整体来看，量表整体的 Cronbach's alpha 系数为 0.919，说明员工责任量表整体的信度水平较为理想。同样是题项 b1，修正后的项与总计相关性仅为 0.349，低于 0.4 这一判断标准，说明题项 b1 与量表中其他题项（b2～b17）内部一致性较低。并且其删除项后的 Cronbach's alpha 系数为 0.922，高于量表整体的 Cronbach's alpha 系数 0.919，说明若删除 b1 题项，则有助于提高该量表整体的信度水平。其余题项（b2～b17）修正后的项与总计相关性数值介于 0.517～0.768，均高于 0.4，说明各题项与其他题项的内部一致性较好。b2～b17 题项删除项后的 Cronbach's alpha 系数值介于 0.910～0.918，均低于量表整体的 Cronbach's alpha 系数 0.919，说明若删除某一题项，则反而会导致该量表整体信度水平的降低。

根据上述结果分析，决定在后续的正式问卷调查中删除 b1 题项。

5.1.3.2　员工感知量表信度分析

表 5-4 列示了员工感知量表各维度及量表整体信度分析的结果。

表 5－4　　　　　　　　　员工感知量表信度分析结果

题项编号	修正后的项与总计相关性	删除项后的Cronbach's alpha	各维度Cronbach's alpha	修正后的项与总计相关性	删除项后的Cronbach's alpha	量表整体Cronbach's alpha
c1	0.688	0.853		0.660	0.880	
c2	0.754	0.845		0.693	0.878	
c3	0.627	0.860		0.630	0.881	
c4	0.768	0.844	0.874	0.714	0.877	
c5	0.551	0.870		0.527	0.889	
c6	0.639	0.858		0.627	0.882	
c7	0.415	0.878		0.511	0.887	0.892
c8	0.633	0.859		0.658	0.880	
c9	0.574	0.779		0.542	0.887	
c10	0.740	0.737		0.583	0.885	
c11	0.632	0.761	0.808	0.562	0.885	
c12	0.531	0.790		0.474	0.889	
c13	0.547	0.789		0.515	0.887	

首先从各维度的信度结果来看，员工感知第一个维度上的 Cronbach's alpha系数为 0.874，说明其内部一致性较为理想。所有题项（c1～c8）修正后的项与总计相关性数值介于 0.415～0.768，均高于 0.4，说明各题项与其他题项的内部一致性较好。c7 题项被删除后的 Cronbach's alpha 系数值为 0.878，略高于维度上的 Cronbach's alpha 系数 0.874。除 c7 题项外，其余 c1～c8题项被移除后的 Cronbach's alpha 系数值介于 0.844～0.870，均低于维度上的 Cronbach's alpha 系数 0.874，说明若删除某一题项，则反而会导致该维度信度水平的降低。员工感知第二个维度上的 Cronbach's alpha 系数为 0.808，说明其内部一致性较为理想。各题项（c9～c13）修正后的项与总计相关性数值介于 0.531～0.740，均高于 0.4，说明各题项与该维度上其他题项的内部一致性较好。员工感知第二个维度上各题项的删除项后的 Cronbach's alpha 系数值介于 0.737～0.790，均低于该维度的 Cronbach's alpha 系数 0.808，说明若删除某一题项，则反而会导致该维度信度水平的降低。

其次从量表整体来看，量表整体的 Cronbach's alpha 系数为 0.892，说明员工感知量表整体的信度水平较为理想。所有题项（c1 ~ c13）修正后的项与总计相关性数值介于 0.474 ~ 0.714，均高于 0.4，说明各题项与其他题项的内部一致性较好。所有题项（c1 ~ c13）删除项后的 Cronbach's alpha 系数值介于 0.877 ~ 0.889，均低于量表整体的 Cronbach's alpha 系数 0.892，说明若删除某一题项，则反而会导致该量表整体信度水平的降低。

根据上述结果分析，虽然删除 c7 题项能够使第一维度信度水平从 0.874 提高至 0.878，但由于维度本身 0.874 的信度水平已经较为理想，删除 c7 题项意义不大。并且量表整体信度检验的结果也较为理想。因此正式进行问卷调查时将保留 c7 题项。

5.1.3.3　企业绩效量表信度分析

表 5 - 5 列示了企业绩效量表的信度分析结果。

表 5 - 5　　　　　　　　企业绩效量表信度分析结果

题项编号	修正后的项与总计相关性	删除项后的 Cronbach's alpha	量表整体 Cronbach's alpha
d1	0.546	0.724	
d2	0.504	0.739	0.768
d3	0.634	0.676	
d4	0.702	0.637	

企业绩效量表设计较为简单，仅包含 4 个题项，并没有区分内部维度。因此，此处仅检验量表整体的信度水平。由表 5 - 5 的结果可知，量表整体的 Cronbach's alpha 系数为 0.768，说明企业绩效量表整体的信度水平较高。所有题项（d1 ~ d4）修正后的项与总计相关性数值介于 0.504 ~ 0.702，均高于 0.4，说明各题项与其他题项的内部一致性较好。所有题项（d1 ~ d4）删除项后的 Cronbach's alpha 系数值介于 0.637 ~ 0.739，均低于量表整体的 Cronbach's alpha 系数 0.768，说明若删除某一题项，则反而会导致该量表整体信度水平的降低。

因此，正式进行问卷调查时将保留本量表中所有 4 个题项。

综上所述，本次调查问卷初始设计 34 个具体题项，信度检验结果基本符合理论要求。根据信度分析的具体结果，为保证调查数据结果的稳定性及统计一致性，后续正式调查中将保留其中的 33 个题项。

5.2　研究数据收集与描述

结构方程模型的应用效果与样本的大小有关，一般最少的样本需求为 200 个数据以上。而样本量大小与待估计参数的数量有关，一般认为每个待估计参数的样本量应该在 5 ~ 10。根据第 4 章所设计的理论模型及 5.1 节对题项的净化结果，本次研究中共设计题项 33 个，待估计参数为 74 个，则最低的需求样本量为 370 个。

2020 年 6 月，通过互联网平台"问卷星"向该油品销售企业内部发布了此次调查问卷。此次正式调研，总计获得问卷 863 份。剔除连续 15 题以上为同一答案的调查问卷，获得有效问卷 521 份，有效问卷率为 60.37%。有效问卷数量满足结构方程模型的应用要求。

5.2.1　参与问卷调查员工基本信息描述及分析

问卷第一部分首先对参与本次调查的员工基本信息进行了解，具体包括性别、年龄、学历、工作年限及岗位层级等信息。表 5 - 6 列示了被调查员工的基本信息状况。

表 5 - 6　　　　　　　　参与问卷调查员工基本信息描述

项目	内容	样本数	占比（%）
性别	男	277	53.17
	女	244	46.83
年龄	25 岁以下	5	0.96
	25 ~ 35 岁	155	29.75
	36 ~ 45 岁	192	36.85
	45 岁以上	169	32.44

项目	内容	样本数	占比（%）
学历	高中/中专及以下	304	58.35
	大专	161	30.9
	本科	56	10.75
	硕士及以上	0	0
工作年限	2 年以下	29	5.57
	2~5 年	49	9.4
	6~10 年	78	14.97
	10 年以上	365	70.06
岗位层级	一般员工	401	76.97
	站队负责人	115	22.07
	中层管理者	5	0.96

从填写问卷员工的性别信息来看，男性比例达 53.17%；女性比例为 46.83%。两者差别不大，基本说明作为本次研究对象的油品销售企业在用工选择方面不存在性别歧视，该油品销售企业尊重女性工作的基本权益。

从填写问卷员工的年龄信息来看，年龄在 25 岁以下的仅占 0.96%；年龄在 25~35 岁的居中，占总样本数的 29.75%；年龄在 36~45 岁的居多，占总样本数的 36.85%；年龄在 45 岁以上的占 32.44%。考虑到该油品销售企业在退休年龄上的规定，约有 1/3 的被调查员工将会在 10 年内退休。上述年龄分层可以看出，企业 35 岁以下的员工占比仅为三成，25 岁以下员工占比不足 1%，说明油品销售企业现有员工年龄分布偏向中年以上，油品销售企业对年轻人的职业吸引力有限。

从填写问卷员工的接受教育程度分析来看，受教育程度在高中及以下学历最多，占比高达 58.35%，超过样本数的一半；大专学历的人数占比为 30.9%；本科学历及以上的人数占比仅为 10.75%。这一数据分布结果表明该油品销售企业具备劳动密集型企业的用工特点，企业对于员工的文化水平和知识素质要求不高，员工进入企业的知识技能门槛也较低。

从填写问卷员工的工作年限来看，入职 2 年以下的仅为 5.57%；入职 10 年以上的员工占比高达 70.06%。这一分布结果体现出该油品销售企业有别于一般的劳动密集型企业，其员工的流动性很低，员工对企业的忠诚度较高。

从填写问卷员工岗位的层次分布情况来看，属于一般员工的填写者人数居多，高达 76.97%；站队负责人占比为 22.07%。这项统计数据的结果也充分体现了该油品销售企业的员工招聘原则。其要求招聘高校毕业生作为管理机构的专门管理技术人才和加油（气）站经理岗位进行人才储备。毕业生必须具有 1～2 年基层加油（气）站、区域、分公司事业单位三个方面的工作及轮岗经验，条件成熟后，按照《加油站经理管理办法》竞争加油（气）站经理，或按照《一般管理人员非领导服务管理办法》竞聘相关缺编管理岗位。另外，在此次参与调查的人员中，中层管理者仅有 5 人，这使得问卷的调查结果更偏重于体现基层员工对企业履行员工责任的感知和评价。

5.2.2　调查数据统计性描述

表 5 – 7 列示了通过问卷调查所获得的各题项数据的相关统计学数值描述，具体包括每一个问卷题项调查数据的最小值、最大值、众数及其频率、平均值、标准差、偏度系数及峰度系数。

表 5 – 7　　　　　　　　　　调查数据的统计性描述

题项编号	最小值	最大值	众数（频率）	平均值	标准差	偏度系数	峰度系数
b2	1.00	5.00	4（259）	3.5547	0.91219	– 0.804	0.731
b3	1.00	5.00	4（185）	3.1631	1.11557	– 0.426	– 0.559
b4	1.00	5.00	4（161）	3.0230	1.18786	– 0.210	– 0.902
b5	1.00	5.00	4（241）	3.4088	0.91138	– 0.730	0.433
b6	1.00	5.00	4（231）	3.4645	0.88317	– 0.733	0.930
b7	1.00	5.00	4（345）	3.9271	0.70878	– 1.196	3.637
b8	1.00	5.00	4（174）	3.0307	1.09852	– 0.271	– 0.774
b9	1.00	5.00	4（348）	3.9866	0.67782	– 1.100	3.740
b10	1.00	5.00	3（202）	3.0499	1.06582	– 0.224	– 0.450
b11	1.00	5.00	4（257）	3.5086	0.89250	– 0.824	0.836
b12	1.00	5.00	4（342）	3.7582	0.68153	– 1.082	2.626
b13	1.00	5.00	3（213）	3.0883	0.95870	– 0.414	– 0.202
b14	1.00	5.00	4（263）	3.4683	0.90270	– 0.874	0.718
b15	1.00	5.00	3（204）	3.2726	0.95404	– 0.475	0.061

续表

题项编号	最小值	最大值	众数（频率）	平均值	标准差	偏度系数	峰度系数
b16	1.00	5.00	3（239）	3.0019	0.94564	-0.155	-0.104
b17	1.00	5.00	3（196）	3.1900	1.00210	-0.365	-0.248
c1	1.00	5.00	3（206）	3.2745	0.93619	-0.459	0.073
c2	1.00	5.00	3（192）	3.1670	1.02701	-0.339	-0.335
c3	1.00	5.00	4（232）	3.4395	0.91183	-0.691	0.555
c4	1.00	5.00	3（221）	3.1536	0.94229	-0.366	-0.052
c5	1.00	5.00	3（192）	2.8292	1.04311	-0.205	-0.705
c6	1.00	5.00	3（212）	2.9290	0.96114	-0.327	-0.460
c7	1.00	5.00	4（281）	3.5144	0.79438	-0.960	1.270
c8	1.00	5.00	3（254）	3.0672	0.88649	-0.398	0.178
c9	1.00	5.00	4（353）	3.8388	0.75250	-1.465	3.857
c10	1.00	5.00	4（374）	4.0058	0.64894	-1.362	5.225
c11	1.00	5.00	4（304）	3.8215	0.77261	-0.836	1.593
c12	1.00	5.00	4（349）	3.9866	0.73236	-1.306	3.558
c13	1.00	5.00	4（289）	3.6046	0.84415	-0.996	1.430
d1	1.00	5.00	4（342）	3.8676	0.71503	-1.068	2.667
d2	1.00	5.00	4（267）	3.5393	0.84971	-0.775	0.785
d3	1.00	5.00	4（284）	3.6008	0.73506	-0.643	0.839
d4	1.00	5.00	4（232）	3.4607	0.83141	-0.610	0.792

本次问卷调查采用李克特五级量表方式，共有 33 个题项作为模型的观测变量。在收集到的 521 个有效样本中，所有观测变量的最小值均为 1，最大值均为 5。

众数及其频率、平均值以及标准差，这三项统计指标共同描述了本次调查数据的集中程度。以 b9 题项为例，该题项数据众数为 4，出现频率为 348 次，平均数为 3.9866 非常接近 4，这说明在企业履行员工责任量表中，"为保障员工身体健康，定期为员工体检"这一题项得到了大多数被调查者的认同。该题项 521 个调查数据的标准差为 0.67782，这说明所有被调查者对这一问题的观点是较为一致的。具有类似效果的题项还有：b2 "企业能够按时足额发放工资"；b7 "企业按时足额为员工缴纳社会保险费用"；b12 "企业鼓励、支持员工的技能学习";d1"企业拥有良好的品牌及社会形象"。值得关注的是,在员工感知量表员工忠诚度维度上的所有题项(c9~c13),众数为4并且频率占比过半,平均值接近4并且标准差较小。数据描述体现出参与本次调查的油品销售企业员工表现出较高的忠诚度水平,这也与基本信息中员工入职时间较长的状况相互呼应。与此相反,以b10题项为例,该题项数据众数为3,出现频率为202次,平均数为3.0499非常接近3,这说明在企业履行员工责任量表中,"企业关注员工的心理健康状况"这一题项得分一般。另外,该题项521个调查数据的标准差为1.06582,这说明被调查者对该题项观点的一致性较低。具有类似效果的题项还有:b4"如有加班,企业能够给予合理加班费";b8"企业有员工餐厅、活动室等福利设施";c2"企业尊重和平等的对待每一位员工";c5"就我的工作付出而言,我所得报酬是公平合理的"。

偏度系数和峰度系数是用于描述数据分布性态的统计指标。由于在建立一个结构方程模型时需要采用最大似然估计方法来对其中的各种参数进行估计,因此要求调查数据具有正态分布的数据性态。由表5-7可以看出,所有题项的偏度系数介于-1.465~-0.155,接近0,其绝对值小于2;绝大多数题项的峰度系数介于-0.902~3.857,其绝对值小于4;仅c10题项的峰度系数为5.225,绝对值小于6。因此可以判断,问卷调查获取的521份数据符合正态分布,可以运用最大似然估计法进行参数估计。

5.2.3　调查数据的区别分析

为深入挖掘数据信息,本次研究依次以员工基本信息为自变量,通过区别分析,希望了解不同员工群体对各题项的认知是否存在显著的不同,以便增强后续对策建议相关内容的针对性。

5.2.3.1　以性别分组进行的数据区别分析

本节以性别二分类别变量作为测量维度的自变量,采用独立样本进行t检验,研究不同的性别员工在各维度题项合计值上是否存在显著的不同,并进而识别出存在显著差异的具体题项。具体分析见表5-8。

表5-8   不同性别员工在各维度合计值上的差异比较

测量维度	性别	个数	平均数	标准差	t 值（sig）	存在差异的题项
货币形式员工责任	男	277	19.9386	4.46969	-3.440 * (0.001)	b2 *、b3 *、b4 ***、b5 *
	女	244	21.2254	4.00956		
非货币形式员工责任	男	277	32.9097	7.06613	-1.588 (0.113)	b9 *、b13 *
	女	244	33.8607	6.53237		
员工组织认同	男	277	24.8267	5.86431	-2.294 * (0.022)	c5 *、c6 *、c8 *
	女	244	25.9969	5.73524		
员工忠诚度	男	277	19.0650	3.04128	-1.625 (0.105)	无
	女	244	19.4754	2.67657		
企业绩效	男	277	14.1625	2.63456	-2.998 * (0.003)	d2 *、d3 *、d4 *
	女	244	14.8156	2.33836		

注：* $p < 0.05$，*** $p < 0.001$。

由表5-8可以看出，在问卷设计的5个研究维度上，不同性别员工在货币形式员工责任、员工组织认同以及企业绩效3个维度的打分合计值存在显著差异。更进一步地，上述差异都具体表现为女性员工的打分明显高于男性员工的打分，并且女性员工在打分的一致性上也高于其男性同事。

以货币形式员工责任为例，在95%的置信区间内，t 值为-3.440，$p = 0.001 < 0.05$，表示男女员工在货币形式员工责任的评分存在显著差异。女性员工的评分值（M = 21.2254）显著高于男性员工的评分值（M = 19.9386），说明女性员工对企业货币形式员工责任承担的评价高于其男性同事的评价，并且这一差别较为普遍。具体到这一维度的6个题项来看，题项b2 *、b3 *、b4 ***、b5 *都存在显著差异。其中，题项b4"如有加班，企业能够给予合理加班费"，更是存在完全显著差异，说明女性员工对企业加班费支付的评价显著高于男性同事的评价。需要注意的是，在非货币形式员工责任这一维度上，虽然维度整体得分不存在差异，但题项b9"企业为保障员工身体健康，定期为员工体检"以及b13"企业设置了良好的内部晋升通道"两个题项上存在显著差异，女性员工的打分明显高于男性员工。说明企业履行员工责任在员工体检和晋升通道这两个方面的措施，更多地得到了女性员工的肯定。

上述差异可能说明，在竞争激烈的劳动力市场中，女性员工对企业的员工责任预期低于男性员工。因此相较于男性同事，女性员工对企业的相关履责行为的评价更高。而男性员工通常对工作的回报期望较高，对企业的相关履责行为期望高，而高期望与企业实际履职之间的差距容易拉低其对企业履责的评价。

5.2.3.2　以年龄分组进行的数据区别分析

在问卷中我们将年龄分为 25 岁以下、25～35 岁、35～45 岁以及 45 岁以上四个分组。但是在数据统计中我们发现，25 岁以下年龄组人数极少。因此，我们将年龄分组合并为 35 岁以下、35～45 岁以及 45 岁以上 3 个分组。

以年龄三分类别变量作为测量维度的自变量，采用单因子方差分析，研究不同年龄员工在各维度题项合计值上是否存在显著的不同，并进而识别出存在显著差异的具体题项。具体分析列示于表 5-9。

表 5-9　　　　　不同年龄员工在各维度合计值上的描述性统计

测量维度	年龄	个数	平均数	标准差
货币形式员工责任	35 岁以下（A）	160	20.7938	4.22645
	35～45 岁（B）	192	20.4896	4.19298
	45 岁以上（C）	169	20.3609	4.51254
非货币形式员工责任	35 岁以下（A）	160	34.1688	6.34463
	35～45 岁（B）	192	33.4896	6.75447
	45 岁以上（C）	169	32.4320	7.27826
员工组织认同	35 岁以下（A）	160	26.6438	5.91379
	35～45 岁（B）	192	25.3802	5.61843
	45 岁以上（C）	169	24.1657	5.75665
员工忠诚度	35 岁以下（A）	160	19.4000	3.09026
	35～45 岁（B）	192	19.3438	2.67753
	45 岁以上（C）	169	19.0237	2.90105
企业绩效	35 岁以下（A）	160	15.000	2.42368
	35～45 岁（B）	192	14.4427	2.53909
	45 岁以上（C）	169	13.9941	2.50118

由表 5-9 可知，3 个年龄分组的人数分布较为均匀。3 个年龄分组在货币形式员工责任和员工忠诚度 2 个维度上的平均分差距并不明显；在非货币

形式员工责任、员工组织认同和企业绩效 3 个维度上稍有差距。以下通过单因子方差分析进一步明确分组间是否在上述 5 个测量维度上存在显著差异。具体结果列示于表 5 - 10。

表 5 - 10   不同年龄员工在各测量维度差异比较的方差分析摘要

		平方和	自由度	F 检验（sig.）	事后比较 LSD 法
货币形式员工责任	组间	16.208	2	0.436（0.647）	
	组内	9619.155	518		
	总和	9635.363	520		
非货币形式员工责任	组间	253.419	2	2.733（0.066）	A > C*
	组内	24013.890	518		
	总和	24267.309	520		
员工组织认同	组间	504.716	2	7.619*（0.001）	A > B*
	组内	17157.299	518		A > C***
	总和	17662.015	520		
员工忠诚度	组间	13.918	2	0.838（0.433）	
	组内	4301.618	518		
	总和	4315.536	520		
企业绩效	组间	83.364	2	6.713*（0.001）	A > B*
	组内	3216.364	518		A > C***
	总和	3299.727	520		

注：* $p < 0.05$，*** $p < 0.001$。

由表 5 - 10 可以看出，不同年龄员工在货币形式员工责任及员工忠诚度两个维度的打分合计值差异不显著，说明不同年龄员工对上述测量维度的评价是基本一致的。

在员工组织认同和企业绩效两个维度的打分合计值存在显著差异，并且差异均表现为 35 岁以下年龄组的打分高于其他两个年龄组。这一结果说明，35 岁以下年龄组员工表现出较高的员工组织认同，并且对企业绩效的评价也持更为乐观积极的态度。

另外，在非货币形式员工责任维度上，虽然不同年龄分组的差异没有通过 F 检验，即整体不存在显著差异。但从具体题项的方差分析结果上看，题项 b12、b13、b14 及 b17 的打分存在显著差异，35 岁以下年龄组的打分均显著高于 45 岁以上年龄组。这一结果说明，在非货币形式员工责任的承担上，油品销售企业在 b12 支持员工自主学习、b13 打造成长平台、b14 提供学习培训机会及 b17 尊重员工民主权利等方面的做法，获得 35 岁以下年龄组员工的更多肯定。

5.2.3.3　以学历分组进行的数据区别分析

在本次调查中，我们将学历层次划分为普通高中/职业中专及以下、大专、本科、硕士及以上四个不同层次的学历分组。但是在数据统计中我们发现，被调查者当中没有硕士以上学历人员。因此，我们把学历层次的划分合并为普通高中/职业中专及以下、大专、本科及以上 3 个分组。

以学历三分类别变量作为测量维度的自变量，采用单因子方差分析，研究不同学历员工在各维度题项合计值上是否存在显著的不同，并进而识别出存在显著差异的具体题项。具体结果见表 5 - 11。

表 5 - 11　　　　不同学历员工在各维度合计值上的描述性统计

测量维度	学历	个数	平均数	标准差
货币形式员工责任	高中/中专及以下（A）	304	20.7072	4.11988
	大专（B）	161	20.4534	4.60292
	本科及以上（C）	56	19.8929	4.40941
非货币形式员工责任	高中/中专及以下（A）	304	33.4803	6.53750
	大专（B）	161	33.1615	7.43043
	本科及以上（C）	56	33.2321	6.70411
员工组织认同	高中/中专及以下（A）	304	25.3783	5.58271
	大专（B）	161	25.2795	6.34647
	本科及以上（C）	56	25.6250	5.67150
员工忠诚度	高中/中专及以下（A）	304	19.3454	2.68766
	大专（B）	161	19.0373	3.13825
	本科及以上（C）	56	19.4107	3.13210
企业绩效	高中/中专及以下（A）	304	14.7039	2.47186
	大专（B）	161	14.2174	2.61652
	本科及以上（C）	56	13.9107	2.36856

由表 5 - 11 可以看出，参与本次问卷调查的员工中，多数为高中/中专

及以下学历。3 个学历分组在各个维度上的平均分差距都不明显。这一结果说明，不同学历水平员工对各测量维度的评价基本一致，不存在显著差异。以下通过单因子方差分析进一步明确分组间是否在上述 5 个测量维度上存在显著差异。具体结果列示于表 5 – 12。

表 5 – 12   不同学历员工在各测量维度差异比较的方差分析摘要

		平方和	自由度	F 检验（sig.）	事后比较 LSD 法
货币形式员工责任	组间	33.161	2	0.894（0.409）	
	组内	9602.202	518		
	总和	9635.363	520		
非货币形式员工责任	组间	11.644	2	0.124（0.883）	
	组内	24255.665	518		
	总和	24267.309	520		
员工组织认同	组间	4.971	2	0.073（0.930）	
	组内	17657.044	518		
	总和	17662.015	520		
员工忠诚度	组间	11.472	2	0.690（0.502）	
	组内	4304.064	518		
	总和	4315.536	520		
企业绩效	组间	44.427	2	3.535*（0.030）	A > B* A > C*
	组内	3255.300	518		
	总和	3299.727	520		

注：$*p < 0.05$。

由表 5 – 12 可以看出，不同学历员工仅在企业绩效维度的打分合计值存在显著差异，并且差异表现为高中/中专及以下学历组的打分高于其他两个学历组。这一结果说明，高中/中专及以下学历组员工对企业绩效的评价持更为乐观积极的态度。

从具体题项的方差分析结果上看，不同学历组在题项 b4 "如有加班，企业能够给予合理加班费"及 d4 "企业发展状况较好"的打分存在显著差异。差异表现为本科以上学历组的打分显著低于其他学历组。即本科以上学历组在企业支付加班费问题上评价较低，并对企业发展状况持较为悲观的态度。

5.2.3.4　以工作年限分组进行的数据区别分析

在问卷调查中将工作年限分为 2 年以下、2～5 年、5～10 年及 10 年以上四个工作年限分组。但是我们通过对数据统计发现，被调查者中工作年限 10 年以上的人群中占 7 成以上。因此，我们将工作年限分组合并为 10 年以下及 10 年以上两个工作年限的分组。

以工作年限二分类别变量作为测量维度的自变量，采用独立样本 t 检验，研究不同工作年限员工在各维度题项合计值上是否存在显著的不同，并进而识别出存在显著差异的具体题项。具体分析见表 5－13。

表 5－13　　　　不同工作年限员工在各维度合计值上的差异比较

测量维度	工作年限	个数	平均数	标准差	t 值（sig）	存在差异的题项
货币形式员工责任	10 年以下	156	21.5962	4.12980	3.701 ***	b2 ***、b3 ***、b5 ***、
	10 年以上	365	20.0904	4.30436	(0.000)	b6 ***、b7 ***
非货币形式员工责任	10 年以下	156	34.8846	6.41265	3.374 *	b11 *、b12 *、b13 ***、b14 ***、b15 *、
	10 年以上	365	32.7014	6.90844	(0.001)	b16 *、b17 *
员工组织认同	10 年以下	156	27.3590	5.79538	5.208 ***	c1 ***、c2 *、c3 ***、c4 ***、c5 ***、c6 ***、
	10 年以上	365	24.5260	5.64008	(0.000)	c7 *、c8 *
员工忠诚度	10 年以下	156	19.7244	3.15732	2.431 *	c9 *、c11 ***、c12 *
	10 年以上	365	19.0575	2.73449	(0.015)	
企业绩效	10 年以下	156	15.1795	2.40828	4.282 ***	d1 *、d2 *、d3 ***、d4 ***
	10 年以上	365	14.1644	2.50721	(0.000)	

注：* p<0.05，*** p<0.001。

由表 5－13 可以看出，在问卷设计的 5 个研究维度上，依据工作年限分组后，不同工作年限分组中的员工在各个维度的打分合计值都存在显著差异。更进一步地，上述差异都具体表现为工作年限在 10 年以下的打分明显高于工作年限在 10 年以上的员工。以货币形式员工责任为例，在 95% 的置信区间内，t 值为 3.701，p=0.000<0.05，表示不同工作年限组别的员工在货币形式员工责任的评分存在完全显著差异。工作年限在 10 年以下员工的评分值（M=21.5962）显著高于工作年限在 10 年以上员工的评分值（M=

20.0904）。具体到这一维度的 6 个题项来看，仅题项 b4 "如有加班，企业能够给予合理加班费" 不存在差异，其余题项都存在完全显著差异。

上述差异在我们进行员工访谈时也有一定表现。工作年限较短的员工更乐于积极地表达自己的态度和看法，并且也通常给出较为乐观的评价；而工作年限较长的员工则相反。

5.2.3.5 以岗位层级分组进行的数据区别分析

在问卷中我们将岗位层级分为一般员工、站队负责人及中层管理者 3 个分组。但是在数据统计中我们发现，被调查者中一般员工占比超过 7 成。因此，我们将岗位层级分组合并为一般员工与非一般员工两个分组。

以岗位层级二分类别变量作为测量维度的自变量，采用独立样本 t 检验，研究不同岗位层级员工在各维度题项合计值上是否存在显著的不同，并进而识别出存在显著差异的具体题项。具体结果列示于表 5－14。

表 5－14　　　　不同岗位层级员工在各维度合计值上的差异比较

测量维度	岗位层级	个数	平均数	标准差	t 值（sig）	存在差异的题项
货币形式员工责任	一般员工	401	20.4090	4.36146	－1.283 (0.200)	无
	非一般员工	120	20.9833	4.09546		
非货币形式员工责任	一般员工	401	33.1172	6.80101	－1.454 (0.146)	b11*、b15*
	非一般员工	120	34.1500	6.90104		
员工组织认同	一般员工	401	25.1022	5.96926	－1.953 (0.051)	c1*、c2*
	非一般员工	120	26.2833	5.25034		
员工忠诚度	一般员工	401	19.2469	2.88901	－0.149 (0.881)	无
	非一般员工	120	19.2917	2.86502		
企业绩效	一般员工	401	14.5636	2.47822	1.580 (0.115)	d3*
	非一般员工	120	14.1500	2.63668		

注：*$p < 0.05$。

由表 5－14 可以看出，在问卷设计的 5 个研究维度上，不同岗位层级分组的员工在各个维度的打分合计值都不存在显著差异。说明不同岗位层级的员工对研究各维度的评价基本一致。

　　但是从具体题项上来看，题项 b11"企业为员工提供了安全的工作环境"、b15"企业对生活上有困难的员工给予特别的帮助"，非一般员工的打分要显著高于一般员工。这说明非一般员工对企业所履行的这两项非货币形式员工责任评价更高。题项 c1"企业内部是民主和谐的"、c2"企业尊重和平等地对待每一位员工"，非一般员工的打分要显著高于一般员工。这说明非一般员工在 c1 和 c2 两个项目上认同感要高于一般员工。但是在题项 d3"企业获利能力是稳定的、可持续的"上，一般员工的打分要显著高于非一般员工，说明一般员工对企业获利能力的评价更为积极乐观。

5.3　本章小结

　　本章完成了调查问卷的预试检验，对正式问卷所获得的 521 份研究数据进行描述性统计并完成基本分析。具体内容包括：

　　第一，完成问卷预调查，获得 100 份预调数据。依据预调数据完成调查问卷的项目分析、探索性因子分析及信度分析。项目分析及探索性因子分析的结果表明，问卷设计基本合理，研究数据与前文理论设计相符，理论模型设计中的因子建构是可行的。对问卷的信度分析结果表明，调查数据结果具有稳定性及统计一致性，问卷设计质量较好。并且我们依据信度分析结果删除题项 b1，完成了调查问卷的进一步优化。

　　第二，通过问卷星平台发放问卷，共获得有效问卷 521 份，完成调查数据的统计性描述。统计结果显示所获数据符合正态分布，适合进行结构方程模型的后续分析。

　　第三，依次以员工基本信息为自变量，进行数据区别分析。结果发现：①不同性别员工在货币形式员工责任、员工组织认同以及企业绩效 3 个维度的打分合计值存在显著差异，并且女性员工打分明显高于男性员工的打分；②不同年龄员工在员工组织认同和企业绩效两个维度的打分合计值存在显著差异，并且差异均表现为 35 岁以下年龄组的打分高于其他两个年龄组；③不同学历员工仅在企业绩效维度的打分合计值存在显著差异，并且差异表现为高中/中专及以下学历组的打分高于其他两个学历组；④工作年限分组后，其在 5 个维度的打分合计值都存在显著差异。更进一步地，差异具体表现为工作年限在 10 年以下的打分明显高于工作年限在 10 年以上的员工；⑤不同岗位层级分组的员工仅在个别题项打分上存在差异，但在 5 个维度的打分合计值都不存在显著差异。

第 6 章

履行员工责任对油品销售企业
绩效影响的实证分析

6.1 履行员工责任对企业绩效
影响的结构方程描述

依据第 4 章的理论分析，本次研究试图揭示油品销售企业履行员工责任对企业绩效的影响路径及效果，研究中包含员工感知这一中介变量。即本次研究共设置 5 个潜在变量，分别为货币形式员工责任、非货币形式员工责任、员工组织认同、员工忠诚度和企业绩效。本研究设计的基本结构方程模型具体由 5 个测量模型和 1 个结构模型组成。5 个测量模型分别用于描述 33 个测量变量对其所需要描述的 5 个潜在变量的反映关系；1 个结构模型是用来描述 5 个潜在变量之间因果关系的模型。

上述结构方程模型如图 6 - 1 所示。在 Amos 软件中画图时，方框代表测量变量，椭圆代表潜在变量。

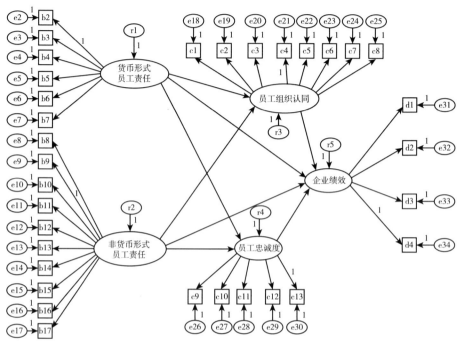

图6-1　履行员工责任对企业绩效影响的结构方程模型

从图6-1可以看出，本次研究共有76个变量。变量类型划分及其具体内容如表6-1所示。

表6-1　　　　　　　　　　结构方程模型变量归类

变量类型		数量	具体内容
研究变量76个	可观测变量	33	33个观测变量（b2~b17；c1~c13；d1~d4），即问卷中的33个题项
	不可观测变量	43	33个观测变量的残差项（e2~e34）、5个潜在变量以及其残差项（r1~r5）
研究变量76个	外因变量	38	33个观测变量的残差项（e2~e34）、5个潜在变量的残差项（r1~r5）
	内因变量	38	33个观测变量以及5个潜在变量

6.2　初始模型实证结果及分析

结构方程模型的实证检验包括结构方程模型的适配度检验、测量模型的信效度检验和结构方程模型的路径分析。以下分别进行结果报告和分析。

6.2.1　模型适配度检验

关于模型适配度检验标准并没有统一的规定，较为周全的做法是同时考虑多个相关的指标。有鉴于此，本次研究将在本部分同时报告模型基本适配度以及模型整体适配度状况。

6.2.1.1　模型基本适配度检验

模型基本适配度检验包括以下4个方面：

（1）模型中各测量变量以及各潜在变量的残差变异量的估计值，要求不能为负数。

（2）变异标准误估计值，要求数值很小。

（3）残差变异量，要求达到显著性水平。

（4）各测量变量的因素负荷量，要求处于0.5~0.95的区间范围内。

表6-2列示了残差变异量的估计值、其标准误的估计值、残差变异量的t值及其相伴概率。

表6-2　　　　　　　　　　残差变异量估计值

残差项	残差变异量估计值	变异标准误估计值	临界比	残差项	残差变异量估计值	变异标准误估计值	临界比
r1	0.318	0.044	7.287***	e9	0.337	0.021	15.738***
r2	0.122	0.020	6.138***	e10	0.520	0.035	14.858***
r3	0.073	0.011	6.387***	e11	0.416	0.027	15.150***
r4	0.176	0.025	7.018***	e12	0.275	0.018	15.389***
r5	0.172	0.023	7.654***	e13	0.401	0.027	14.744***
e2	0.513	0.036	14.376***	e14	0.363	0.025	14.793***
e3	0.595	0.046	13.031***	e15	0.480	0.032	15.171***
e4	0.781	0.056	13.851***	e16	0.293	0.021	13.919***
e5	0.368	0.029	12.558***	e17	0.316	0.023	13.781***
e6	0.335	0.027	12.342***	e18	0.282	0.020	13.931***
e7	0.304	0.021	14.299***	e19	0.310	0.023	13.616***
e8	0.787	0.051	15.558***	e20	0.399	0.027	15.010***

残差项	残差变异量估计值	变异标准误估计值	临界比	残差项	残差变异量估计值	变异标准误估计值	临界比
e21	0.283	0.020	13.900***	e28	0.209	0.019	11.272***
e22	0.551	0.036	15.123***	e29	0.331	0.023	14.537***
e23	0.471	0.031	15.135***	e30	0.444	0.030	14.568***
e24	0.395	0.025	15.511***	e31	0.287	0.021	13.854***
e25	0.446	0.029	15.343***	e32	0.333	0.026	12.693***
e26	0.279	0.021	13.457***	e33	0.220	0.019	11.837***
e27	0.172	0.014	12.351***	e34	0.302	0.024	12.317***

注：*** $p < 0.001$。

表 6-2 列出了 5 个潜在变量和 33 个测量变量之间的残差变异量估计值、变异量标准误估计值，及其显著性检验。由表中的数据我们可以清楚地看出：①表中第一列数据报告了残差变异量估计值，其结果均为非负数，符合基本适配度检验的第 1 个要求；②表中第二列数据报告了残差变异标准误的估计值，其值介于 0.011 ~ 0.056，数值很小，符合基本适配度检验的第 2 个要求；③表中第三列数据报告了残差变异量的 t 检验结果，其临界比介于 6.138 ~ 15.738，*** 表示显著性的概率值均小于 0.001，达到显著性水平要求，符合基本适配度检验的第 3 个要求。

表 6-3 列示了每个测量变量对其潜在变量的因素负荷。

表 6-3　　　　　　　　　　　各测量变量因素负荷量

测量变量	因素负荷量	测量变量	因素负荷量	测量变量	因素负荷量	测量变量	因素负荷量	测量变量	因素负荷量
b2	0.619	b8	0.589	c1	0.804	c9	0.710	d1	0.647
b3	0.722	b9	0.516	c2	0.822	c10	0.767	d2	0.720
b4	0.667	b10	0.736	c3	0.695	c11	0.805	d3	0.757
b5	0.746	b11	0.690	c4	0.805	c12	0.616	d4	0.738
b6	0.755	b12	0.639	c5	0.676	c13	0.612		
b7	0.627	b13	0.750	c6	0.673				
		b14	0.744	c7	0.584				
		b15	0.686	c8	0.630				
		b16	0.820						
		b17	0.828						

由表 6 - 3 可以看出，各测量变量在其潜在变量上的因素负荷量介于 0.516 ~ 0.828，符合基本适配度检验的第 4 个要求。

由此可以判断，初始模型基本适配度良好，说明本次调研数据与理论模型的契合程度良好。

6.2.1.2　模型整体适配度检验

模型整体适配度的检验指标具体包括：绝对适配度指数、比较适配度指数和简约适配度指数。表 6 - 4 列示了其具体指标、适配标准及初始模型检验指标结果。

表 6 - 4　　　　　　　　　　　模型整体适配度报告

	适配标准	检验结果
绝对适配度指标		
卡方自由度比	<3.00（良好）；<5.00（尚可）；	3.887
RMSEA 值	<0.05（佳）；0.05 < RMSEA <0.08（良好）	0.075
增值适配度指标		
IFI 值	>0.90	0.857
TLI 值	>0.90	0.844
CFI 值	>0.90	0.856
简约适配度指标		
PNFI 值	>0.50	0.753
PGFI 值	>0.50	0.713
CAIC 值	理论模型值小于独立模型值， 且同时小于饱和模型值	2430.071 < 10555.917 且 2430.071 < 4070.476

由表 6 - 4 所示的初始化模型整体适配度报告表我们可以清楚地看到，2 个绝对适配度指标都已经达到了基本要求，说明初始模型适配度可以接受；在 3 个增值适配度指标中，初始模型报告结果都较为接近设定标准，但尚未达标；在 3 个简约适配度指标中，3 个指标均达到标准，说明初始模型的整体适应度较好。上述看似矛盾的结果，说明初始模型仍有修正改善的空间。

6.2.2　测量模型信效度检验

在模型适配度可以接受的情况下，还需要进一步验证模型中潜在变量的信度及聚敛效度。在利用预试数据进行的量表信度检验，选择了 Cronbach's alpha 系数用于描述各测量题项在其潜在因素构念上的内部一致性。而在结构方程模型的检验中，选取各测量指标的信度系数和潜在变量的组合可靠度系数来验证测量模型的可靠度指标。

并且上述信度指标也被用来说明测量模型的聚敛效度。当测量同一潜在变量的测量变量表现出较高的因素载荷量时，说明这些测量变量能够有效反映一个共同的潜在变量，模型的聚敛效度良好。

表6-5列示了本次测量模型信效度检验相关指标检验标准及其结果。

表6-5　　　　　　　　测量模型信效度检验标准及结果

潜在变量	测量变量	因素负荷量	信度系数	测量误差	组合信度	平均方差抽取值
标准值		>0.500	>0.300	<0.700	>0.600	>0.500
货币形式员工责任	b2	0.619	0.383	0.617	0.8453	0.4782
	b3	0.722	0.521	0.479		
	b4	0.667	0.445	0.555		
	b5	0.746	0.556	0.444		
	b6	0.755	0.570	0.430		
	b7	0.627	0.393	0.607		
非货币形式员工责任	b8	0.589	0.347	0.653	0.9071	0.4984
	b9	0.516	0.266	0.734		
	b10	0.736	0.542	0.458		
	b11	0.690	0.477	0.523		
	b12	0.639	0.408	0.592		
	b13	0.750	0.563	0.437		
	b14	0.744	0.554	0.446		
	b15	0.686	0.471	0.529		
	b16	0.820	0.672	0.328		
	b17	0.828	0.685	0.315		

续表

潜在变量	测量变量	因素负荷量	信度系数	测量误差	组合信度	平均方差抽取值
标准值		>0.500	>0.300	<0.700	>0.600	>0.500
员工组织认同	c1	0.804	0.646	0.354	0.8925	0.5126
	c2	0.822	0.675	0.325		
	c3	0.695	0.483	0.517		
	c4	0.805	0.649	0.351		
	c5	0.676	0.456	0.544		
	c6	0.673	0.453	0.547		
	c7	0.584	0.341	0.659		
	c8	0.630	0.396	0.604		
员工忠诚度	c9	0.710	0.504	0.496	0.831	0.4989
	c10	0.767	0.588	0.412		
	c11	0.805	0.648	0.352		
	c12	0.616	0.380	0.620		
	c13	0.612	0.375	0.625		
企业绩效	d1	0.647	0.419	0.581	0.8081	0.5137
	d2	0.720	0.519	0.481		
	d3	0.757	0.573	0.427		
	d4	0.738	0.544	0.456		

由表6-5可以看出，在验证性因子分析中，各测量变量在其对应的潜在变量的信度系数均符合标准。唯一例外是题项b9，其信度系数为0.266，接近0.3的标准。各潜在变量的构造组合信度都明显地要高于测量标准值，这就充分说明了各种测量数据模型的内部构造组合信度良好，且测量模型内部的数据质量相对较高。平均方差对于抽取测量值的误差大小主要反映了被潜在变量所解释的测量误差的大小。数值越大，说明相对的测量误差越小。在本次研究的5个潜在变量中，有2个平均方差抽取值超过标准值；2个极为接近标准值；一个较为接近标准值。结果表明，本研究的测量模型的聚敛效度基本满足要求。

6.2.3 结构方程模型路径分析

结构方程模型以路径分析的方式报告对研究假设的检验，其相关结果列示在表 6-6 中。

表 6-6 履行员工责任对企业绩效影响的结构方程模型路径分析结果

假设	假设路径	标准化路径系数	T 值（sig.）	检验结果
假设 1	企业绩效←货币形式员工责任	0.014	0.288（0.773）	拒绝假设
假设 2	企业绩效←非货币形式员工责任	-0.213	-1.300（0.194）	拒绝假设
假设 3	员工组织认同←货币形式员工责任	0.131	4.681***（0.000）	接受假设
假设 4	员工组织认同←非货币形式员工责任	0.918	11.762***（0.000）	接受假设
假设 5	员工忠诚度←货币形式员工责任	0.008	0.180（0.857）	拒绝假设
假设 6	员工忠诚度←非货币形式员工责任	0.583	8.384***（0.000）	接受假设
假设 7	企业绩效←员工忠诚度	0.497	7.633***（0.000）	接受假设
假设 8	企业绩效←员工组织认同	0.526	3.261**（0.001）	接受假设

注：*** $p < 0.001$，** $p < 0.01$。

由表 6-6 的检验结果可知，货币形式员工责任与非货币形式员工责任对企业绩效的影响路径均没有通过检验，假设 1 和假设 2 被拒绝。这说明本次研究数据不支持油品销售企业履行员工责任对于企业绩效产生直接影响的假设。

货币形式员工责任与非货币形式员工责任对员工组织认同的影响路径均通过了假设检验，假设 3 和假设 4 得到本次研究数据的证实。这意味着无论是货币形式还是非货币形式员工责任，企业增加履行员工责任的投入可以有效提高员工组织认同。但是相关假设的路径系数分别为 0.131 和 0.918，相差较大。这说明货币形式员工责任与非货币形式员工责任对员工组织认同的影响程度相差极大。具体来说，货币形式员工责任 1 个单位的变化，对员工组织认同的影响为 0.131；而非货币形式员工责任发生 1 个单位的变化，对员工组织认同的影响能达到 0.918。这一差别意味着在企业考虑资源投入问题时，等量资源投入履行非货币形式员工责任对员工组织认同的影响显著高于将资源投入履行货币形式员工责任。

货币形式员工责任对员工忠诚度的路径系数没有通过假设检验，说明本次调查数据没有支持假设5的观点。即油品销售企业增加货币形式员工责任履行不会影响员工忠诚度；非货币形式员工责任对员工忠诚度的路径系数通过假设检验，说明假设6的观点得到本次实证数据的支持。标准化路径系数为0.583，意味着非货币形式员工责任1个单位的变化，对员工忠诚度能够产生0.583的显著影响。

员工忠诚度与员工组织认同对企业绩效的影响路径均通过了假设检验，假设7和假设8得到本次研究数据的证实。这也意味着本次理论模型中的中介变量设计得到验证。即油品销售企业履行员工责任对企业绩效的影响是通过员工忠诚度和员工组织认同这两个中介变量实现的，其影响是一种间接影响。相关假设的路径系数分别为0.497和0.526，意味着员工忠诚度1个单位的变化，对企业绩效的影响为0.497；而员工组织认同发生1个单位的变化，对企业绩效的影响为0.526。

6.3　修正模型实证结果及分析

由6.2节的分析结果可知，初始模型的设计仍有改善的空间。6.3节就从实证结果中提供的所有修正指标入手，对初始模型进行修正。

6.3.1　初始模型的修正

对初始模型的修正一般采用模型简化的方式进行。

首先，删除初始模型中的无效路径。即删除初始模型中"企业绩效←货币形式员工责任""企业绩效←非货币形式员工责任"及"员工忠诚度←货币形式员工责任"三条假设路径。

其次，根据Amos软件提示的修正指标，增列测量指标残差变异量之间的相关关系。需要说明的是，不是所有软件提示的修正指标都必须增列相关关系。增列相关关系应该以合理的理论解释为基础。因此，一般只接受同一潜在变量内的测量指标之间增列残差变异量之间的相关关系；不同潜在变量下的测量指标残差变异量之间不可以增列相关关系；测量指标残差变异量与潜在变量残差变异量之间也不可以增列相关关系。

修正后的结构方程模型如图 6 - 2 所示。

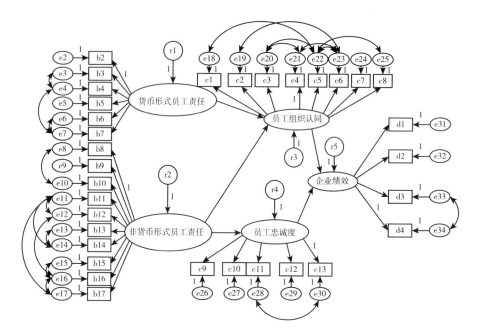

图 6 - 2　履行员工责任对企业绩效影响的结构方程修正模型

在图 6 - 2 所示的结构方程修正模型图中，仅保留了在初始模型中通过检验的 5 条影响路径。增列了测量指标残差变异量之间的相关关系共 20 个。这些相关关系的增列仅限于同一潜在变量维度下的测量变量残差变异量之间，符合相关理论要求。

6.3.2　修正模型的实证结果

6.3.2.1　修正模型适配度检验

由 6.3.1 节中的分析可知，初始模型的基本适配度已经全部达标。但是部分标准对于模型的整体适配度检验还没有达到标准。为避免重复，本部分仅就修正模型的整体适配度进行报告。相关指标列示在表 6 - 7 中。

表 6 - 7　　　　　　　　　　修正模型整体适配度报告

	适配标准	初始模型检验结果	修正模型检验结果
绝对适配度指标			
卡方自由度比	<3.00（良好）；<5.00（尚可）	3.887	3.249
RMSEA 值	0.05 < RMSEA < 0.08（良好）	0.075	0.066
增值适配度指标			
IFI 值	>0.90	0.857	0.893
TLI 值	>0.90	0.844	0.879
CFI 值	>0.90	0.856	0.892
简约适配度指标			
PNFI 值	>0.50	0.753	0.757
PGFI 值	>0.50	0.713	0.718
CAIC 值	理论模型值小于独立模型值，且同时小于饱和模型值	2430.071 < 10555.917 且 2430.071 < 4070.476	2191.357 < 10555.917 且 2191.357 < 4070.476

由表 6 - 7 可以看出，修正模型的整体适配度指标全部得到改善。结果表明，改进模型的整体适配度优于原模型，说明调研数据对修正模型的契合程度有所提高。

6.3.2.2　修正模型的信效度检验

表 6 - 8 列示了修正模型信效度检验相关指标检验标准及其结果。

表 6 - 8　　　　　　　　　修正模型信效度检验标准及结果

潜在变量	测量变量	因素负荷量	信度系数	测量误差	组合信度	平均方差抽取值
标准值		>0.500	>0.300	<0.700	>0.600	>0.500
货币形式员工责任	b2	0.620	0.384	0.616	0.8416	0.4711
	b3	0.704	0.495	0.505		
	b4	0.665	0.442	0.558		
	b5	0.755	0.570	0.430		
	b6	0.740	0.547	0.453		
	b7	0.622	0.387	0.613		

续表

潜在变量	测量变量	因素负荷量	信度系数	测量误差	组合信度	平均方差抽取值
标准值		> 0.500	> 0.300	< 0.700	> 0.600	> 0.500
非货币形式员工责任	b8	0.574	0.330	0.654	0.905	0.4922
	b9	0.517	0.267	0.733		
	b10	0.729	0.531	0.469		
	b11	0.690	0.476	0.524		
	b12	0.662	0.439	0.561		
	b13	0.741	0.549	0.451		
	b14	0.727	0.529	0.471		
	b15	0.671	0.450	0.550		
	b16	0.815	0.665	0.335		
	b17	0.829	0.686	0.314		
员工组织认同	c1	0.812	0.659	0.341	0.8936	0.5157
	c2	0.827	0.685	0.315		
	c3	0.696	0.484	0.516		
	c4	0.806	0.650	0.350		
	c5	0.691	0.450	0.550		
	c6	0.667	0.444	0.556		
	c7	0.581	0.337	0.663		
	c8	0.623	0.388	0.612		
员工忠诚度	c9	0.700	0.490	0.510	0.8354	0.5065
	c10	0.757	0.572	0.428		
	c11	0.821	0.675	0.325		
	c12	0.614	0.378	0.622		
	c13	0.647	0.419	0.581		
企业绩效	d1	0.671	0.450	0.550	0.7995	0.4995
	d2	0.745	0.554	0.446		
	d3	0.715	0.510	0.490		
	d4	0.696	0.484	0.516		

由表6-8可知，与初始模型的信效度检验结果相比，修正模型中各测量变量在其相应潜在变量上的因素载荷量变化不大，相应的信度系数也没有

明显的变化。各潜在变量的组合信度均显著高于标准值，说明本修正模型的内在质量较高。平均方差抽取值也没有明显变化。修正模型的信度及聚敛效度仍然良好。

6.3.2.3　修正模型路径分析

修正模型路径分析的结果列示在表6-9中。

表6-9　　　履行员工责任对企业绩效影响的修正模型路径分析结果

假设	假设路径	标准化路径系数	T值（sig.）	检验结果
假设3	员工组织认同←货币形式员工责任	0.134	4.760***	接受假设
假设4	员工组织认同←非货币形式员工责任	0.921	11.770***	接受假设
假设6	员工忠诚度←非货币形式员工责任	0.594	8.626***	接受假设
假设7	企业绩效←员工忠诚度	0.504	7.873***	接受假设
假设8	企业绩效←员工组织认同	0.345	6.434***	接受假设

注：*** $p < 0.001$。

比较表6-9所报告的修正模型路径分析结果与表6-6所报告的初始模型路径分析结果可以看出，修正模型的路径系数有少许变化但其显著性都得到改善。

由表6-9的检验结果可知，货币形式员工责任与非货币形式员工责任对员工组织认同的影响路径均通过了假设检验，假设3和假设4获得本次数据的实证支持。但是路径系数分别为0.134和0.921，相差较大。这说明货币形式员工责任与非货币形式员工责任对员工组织认同的影响程度相差极大。意味着货币形式员工责任1个单位的变化，对员工组织认同的影响为0.134；而非货币形式员工责任发生1个单位的变化，对员工组织认同的影响能达到0.921。

非货币形式员工责任对员工忠诚度的路径系数通过假设检验，说明假设6的观点得到本次实证数据的支持。意味着非货币形式员工责任1个单位的变化，对员工忠诚度产生0.594的显著影响。

员工忠诚度与员工组织认同对企业绩效的影响路径均通过了假设检验，假设7和假设8获得本次数据的实证支持。这也意味着，本次理论模型中的中介变量设计得到验证，即油品销售企业履行员工责任对企业绩效的影响是通过员工忠诚度和员工组织认同这两个中介变量实现的，其影响是一种间接影响。

6.4 履行员工责任对油品销售企业绩效影响效果的实证结果分析

本小节通过比较初始模型和修正模型的实证检验结果，进一步诊断出油品销售企业履行员工责任对其企业绩效影响中反映出的问题。

6.4.1 企业履行员工责任对其绩效没有产生直接影响

在有关企业履行员工责任对企业绩效影响的研究中，虽然仍有争论，但对其在价值创造、企业效益方面的重要作用已基本达成共识。在履行员工责任方面表现越好的企业，其整体企业经营绩效越高。目前已有文献证实了企业履行员工责任对企业绩效的直接正向影响作用，但是本次研究数据却未能支持上述假设。

结构方程模型的实证结果显示，企业履行货币形式员工责任及非货币形式员工责任对企业绩效的路径系数值分别为 0.014 和 -0.213，未通过显著性检验。这一实证结果说明，目前油品销售企业履行员工责任的行为并没有对其绩效产生直接影响。

这可能是由于油品销售企业作为央企下属单位，企业市场地位稳固，相较于部分经营压力巨大的中小企业而言，其员工责任的承担已经处于领先阶段。我们在与员工的访谈中也明显感受到，油品销售企业员工对于企业的薪酬及相关福利支付持充分的信任态度。一方面，近几年企业经营环境的不断恶化，使员工对企业的相关期望有所降低；另一方面，在经历新冠疫情之后，员工对油品销售企业的薪酬及福利支付能力普遍持满意态度，基本不存在负面评价。

因此，本次实证研究结果意味着，如果企业打算通过提高员工责任履行的方式来改善绩效，结果可能并不理想，甚至可能得不偿失。企业追加承担

的员工责任更多地会表现为企业成本的直接上升，但又对绩效改善无甚
影响。

6.4.2　履行货币形式员工责任对员工忠诚度没有影响

本次实证研究初始模型的路径检验结果显示，企业履行货币形式员工责
任对员工忠诚度的路径系数值为 0.008，未通过显著性检验。这说明油品销
售企业货币形式员工责任的履行对员工忠诚度没有影响。

由表 5-6 所示的员工基本情况可以发现，参与本次问卷调查的员工
中有 70.06% 是入职 10 年以上的老员工。这部分员工基本都属于合同用工
方式，员工不会轻易放弃央企职工的身份，员工忠诚度非常高。另外，由
表 5-7 中所示的调查数据统计性描述可以看出，衡量员工忠诚度的题项
c9 ~ c13 得分众数为 4 分，并且题项得分的平均分也非常接近 4 分。这说
明参与本次调研的员工已经表现出较高的员工忠诚度。

因此本次实证结果意味着，对于上述已经具备高忠诚度的企业员工来
说，企业履行货币形式员工责任对激发其更进一步的员工忠诚度并无效果。
相关资源投入后所能够带来的员工忠诚度提升的边际效果极为有限。

6.4.3　员工感知中介效应假设得到验证

本次研究的结构方程修正模型实证检验中，企业履行非货币形式员工责
任对员工组织认同、员工忠诚度的路径系数值分别为 0.921 和 0.594；企业
履行货币形式员工责任对员工组织认同的路径系数值为 0.134，员工组织认
同、员工忠诚度对企业绩效的路径系数值分别为 0.345 和 0.504，全部通过
0.1% 的显著性检验。这说明从整体上看，员工组织认同及员工忠诚度在油
品销售企业履行员工责任对企业绩效的间接影响作用都得到调查数据的证
实。即员工感知在油品销售企业履行员工责任对企业绩效的影响中具有完全
中介作用。从油品销售企业员工责任各维度对企业绩效的影响来看，员工组
织认同在企业履行货币形式、非货币形式员工责任对企业绩效的影响中均发
挥了中介作用；而员工忠诚度仅在企业履行非货币形式员工责任对企业绩效

的影响中发挥中介作用。影响路径的实证结果如图 6 - 3 所示。

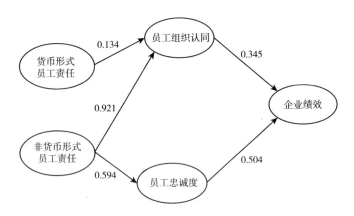

图 6 - 3　修正模型影响路径

更进一步地，通过上述中介效应模型，油品销售企业履行货币形式员工责任对企业绩效的间接影响为 0.04623（0.134 × 0.345）。即企业履行货币形式员工责任每增加 1 个单位，会导致企业绩效提升 0.04623 个单位；企业履行非货币形式员工责任对企业绩效的间接影响为 0.61712（0.921 × 0.345 + 0.594 × 0.504）。即企业履行非货币形式员工责任每增加 1 个单位，会导致企业绩效提升 0.61712 个单位。其中，以员工组织认同为中介变量实现的间接影响为 0.31775（0.921 × 0.345）；以员工忠诚度为中介变量实现的间接影响为 0.29937（0.594 × 0.504）。由此可见，企业履行非货币形式员工责任对企业绩效的提升效果远远高于企业履行货币形式员工责任所带来的绩效影响。

对上述实证结果的分析，让我们对油品销售企业履行员工责任行为对企业的绩效影响有了更加清晰明确的认识。那么上述实证结果是否意味着企业可以选择不履行员工责任呢？答案当然是否定的。保障员工按劳索酬以及其他基本权利是企业必须履行的法定责任。那么退一步来讲，上述实证结果是否意味着企业在守法的基础之上应该尽可能少地履行员工责任呢？答案仍然是否定的。企业履行员工责任行为对企业绩效的直接影响虽然没有得到此次调研数据的实证支持，但是通过员工感知而形成的间接影响得到了证实。这意味着企业仍然可以通过组织有效的员工责任履行活动实现对企业绩效的最

终影响，这也为后续企业员工责任履行活动的有效组织和开展指出了新的
方向。

6.5　本章小结

本章使用 Amos 软件对 521 份问卷数据完成了结构方程初始模型及修订
模型的相关分析。具体内容及结论如下：

第一，完成理论模型的结构方程描述。本次研究共有 76 个变量，模型
中待估计的自由参数共有 74 个。

第二，进行初始模型实证检验，报告模型适配度结果、信效度分析结果
及路径分析结果。实证结果显示，初始模型基本适配度良好，整体适配度基
本符合要求，但初始模型仍存在改进空间。信效度分析结果表明测量模型设
计良好，数据质量较高，聚敛效度满足要求。路径分析结果表明，假设1、
假设2及假设5没有通过检验，假设3、假设4、假设6、假设7及假设8得
到实证数据的支持。

第三，根据软件提供的修正指标完成对初始模型的修正，并完成修正模
型的实证检验。对修正模型的实证结果显示，修正模型与调查数据的契合程
度有所提高，影响路径的显著性有所提高。说明修正模型的整体效果优于初
始模型。

第四，本章所进行的实证分析结果显示，油品销售企业履行员工责任对
其绩效没有产生直接影响，其影响是通过员工感知这一中介变量间接实现
的。具体来说，油品销售企业履行货币形式员工责任对企业绩效的间接影响
为 0.04623。即企业履行货币形式员工责任每增加 1 个单位，会导致企业绩
效提升 0.04623 个单位；企业履行非货币形式员工责任对企业绩效的间接影
响为 0.61712。即企业履行非货币形式员工责任每增加 1 个单位，会导致企
业绩效提升 0.61712 个单位。

| 第 7 章 |

油品销售企业履行员工责任
提升绩效的建议

　　员工责任是企业社会责任的重要组成部分。油品销售企业积极履行员工责任有助于树立良好的企业形象，帮助企业吸引人才，形成长期竞争力。并且经由员工感知的企业履行员工责任行为会影响员工行为，并最终传导至企业绩效表现。因此，本章基于第 6 章的实证研究结论，为油品销售企业履行员工责任提升企业绩效提出下列具体建议。

7.1　油品销售企业不应过分依赖
货币形式员工责任改善绩效

　　本次实证研究虽然没有证实企业履行货币形式员工责任能够对企业绩效产生直接影响，但是其间接影响仍得到实证检验的支持。其中，企业货币形式员工责任的履行通过员工组织认同对企业绩效的影响为 0.04623。这说明油品销售企业货币形式员工责任的承担对提高企业绩效是有效果的。但在企业目前经营承压、效益表现较差的情况下，我们认为油品销售企业不应过分依赖货币形式员工责任履行来提升绩效表现。

　　企业履行货币形式员工责任是按照国家相关劳动法规的规定并兼顾市场规律和企业工作实际向员工提供的劳务支付，其基本功能是保障员工生活所需。合理的货币支付不仅是对员工按劳取酬基本权益的保障，也是对员工劳动及员工价值创造的肯定。在此基础之上的绩效考核薪酬体系，更是有助于营造企业内部良性竞争环境，激励员工提高工作效率，提高员工组织认同。合理的货币支付也有助于打造企业的良好声誉，帮助企业吸引人才、留住人才，打赢人才之战，打造企业核心竞争力，促进企业可持续发展。

诚然，薪酬水平的高低是企业吸引人才、留住人才的常见法宝，薪酬机制也被认为是调动员工生产积极性和主动性的有力工具。然而这一思路很容易产生一种薪酬支付误区，认为物质激励才是员工激励的最优手段。这在物质资料匮乏的时期也许是有效的。但在我国目前的居民生活水平状况下，在油品销售企业员工已经具备较高的组织认同和忠诚度时，物质激励效果有限。我们的实证检验结果显示，企业货币形式员工责任承担每 1 个单位的投入仅能对企业绩效产生 0.04623 的改善，激励效果极其有限。

并且我们在调研访谈中可以感受到，虽然油品销售企业的薪酬支付仅是稍高于当地平均工资水平，但由于油品销售企业入职门槛不高，工作福利有保障，薪酬支付值得信赖，其员工对企业薪酬的满意度普遍较高。尤其是在新冠肺炎疫情影响下，国有企业薪酬支付的稳定性显著增加了工作职位的吸引力，员工普遍对工作机会异常珍惜。

因此我们认为，在这一背景下，企业希望通过提高货币形式员工责任承担激励员工的举措并非明智之举。并且油品销售企业员工数量基数大，即便是小幅度的员工支付上涨也会意味着企业大额的、直接的资金支付。在企业降本增效的压力之下，实在是不小的负担。

7.2　企业资源配置应向非货币形式员工责任的履行倾斜

本次实证研究虽然没有证实企业履行非货币形式员工责任能够对企业绩效产生直接影响，但是其间接影响得到实证检验的支持。并且相较于货币形式员工责任 0.04623 个单位的影响效果，非货币形式员工责任履行每 1 个单位的增加，能够实现企业绩效 0.61712 个单位的提高。由此可见，非货币形式员工责任对企业绩效的提升效果远远高于货币形式员工责任的影响。因此我们建议，在企业进行有限资源配置时，应在保证基础货币形式员工责任得以履行的刚性约束之下，相关资源投入应向非货币形式员工责任履行倾斜。具体可以包括以下内容。

首先，不断改善油品销售企业工作环境，加大投入保障工作场所的安全性。油气产品在储存过程中可能发生逸散、挥发、滴漏等状况，从而带来安全隐患。油品销售企业应在其加油站点加装相关的监测、检测设施，预防险情发生。对于可能发生的危险状况，油品销售企业应该重视防火、防爆等消防设施、器材的配备，定期进行安全检查、巡视，保证员工工作场所安全。保证劳动工装、手套等劳保用品的按时发放，保证员工工作安全。

其次，关注员工身心健康。加油站点属于接触职业病危害的作业场所，长期接触汽油、柴油等产品，会对员工呼吸道、皮肤等产生影响，导致职业性化学中毒。因此企业应建立完善的职业病防治和监测机制，定期安排员工体检，积极防范职业病对员工的潜在危害。另外，油品销售企业工作内容虽然简单，但是工作操作标准较高，员工不但容易在工作过程中产生生理上的肢体疲劳，也会由于重复性的工作操作而导致心理上的倦怠。倒班制的工作安排，也容易导致员工发生失眠、身体机能紊乱等问题，影响员工健康。工作过程中的心理倦怠和疲惫状态会极大降低员工的工作热情和积极性，影响员工工作投入。因此，关注油品销售企业员工心理健康应该成为企业非货币形式员工责任履行的重要内容之一。

再次，提供充分的学习培训机会，培养员工的就业能力。大力推广员工培训计划，不但有助于打造良好的工作氛围，还有助于员工对本职工作的了解热爱。随着社会经济和我国劳动就业市场的发展完善，雇用关系的表现日益多样化。劳务外包、临时雇用、自我雇用等新的雇用关系导致不稳定的职业模式和工作压力，人们传统的终身制就业观念已发生较大转变。工作带来的价值感并不仅体现在货币回报当中，越来越多的从业者更看重在工作中的学习、成长机会。保障员工的就业能力成为企业承担员工责任的重要内容。保障员工就业能力是对员工未来就业竞争能力的培养和保护，能够显著降低员工就业的不安全感。

有的企业担心员工培训会由于员工流动而变成为他人作嫁衣，认为员工培训是赔本买卖。然而实践表明，培养员工就业能力的做法可以在一定程度上加强员工对组织的信任感。甚至可以认为，专业化的技能培训会对员工产生一种职业绑定效应。当员工掌握的专业技能越多，其脱离职业的意愿就会越低。另外，企业应努力提升自身培训的行业认可度甚至社会认可度。当员工参与的企业培训能够得到广泛的社会认可，有助于提升个人在劳动力市场的竞争力时，员工组织认同会得到强化。这时，企业的培训活动能够实现对员工进行投资的效果，起到培养人才、留住人才的作用。员工培训内容不必局限于行业或者工作范围内，除了业务技能培训之外，还可以为员工提供各种兴趣选择，提升员工综合素质。

提供公平的内部晋升通道，主动为员工制定可实现的职业生涯规划。职业生涯规划不一定是宏伟远大的目标，符合员工实际的适当目标才更为可信。当员工能够看到确定的职业发展路径，其就业的不安全感会降低，有助于增强员工组织认同感。

最后，给予员工充分的尊重和关爱，提升员工幸福感。充分尊重员工的民主权利和合法权益，通过工会组织、职工代表大会等方式保障员工参与企业事务。充分利用网络平台、领导信箱、留言板等方式畅通员工发声渠道，引导员工积极参与、为企业管理献计献策。积极了解员工生活状态，对有特殊需求的员工提供帮扶，在工作安排上给予适当的照顾，提高员工幸福感。

回顾第 5 章中调研数据的区别分析结果，我们可以知道：①女性员工在货币形式员工责任、员工组织认同以及企业绩效 3 个维度的打分显著高于男性员工的打分；②35 岁以下员工在员工组织认同和企业绩效的打分高于其他年龄组；③高中/中专及以下学历组在企业绩效维度的打分高于其他两个学历组；④工作年限 10 年以下的员工在所有维度的打分都明显高于工作年限 10 年以上的员工。因此，我们认为被调研企业在落实上述一般性政策时，还可以考虑相关政策向女性员工倾斜；向工作年限较短的年轻员工倾斜；并且在员工培训等项目上向较低学历员工倾斜。

总的来说，上述努力并不必然产生企业的资金支付，相关的费用支出可能也没有反映在人工成本范围内。但是上述措施，对满足员工安全性的需要、归属性的需要、尊严性的需要、自我实现的需要都能够起到积极的作用。对员工组织认同感、员工忠诚度都有较大影响。在现代社会，员工与企业之间的关系并不应该是单纯的经济契约关系。良好的劳工关系意味着员工与企业之间的心理契约联结的形成。在这一心理契约之下，员工组织认同、员工忠诚度不断得到强化，并最终通过员工在工作中的积极投入传递至企业绩效。

7.3 实现企业员工责任承担
与人力资源管理活动的融合

企业员工责任承担只有与人力资源管理活动相融合，才能免于空洞。油品销售企业应将员工责任作为一项战略目标，引入人力资源管理实践，打造"负责任"的人力资源管理。

在企业员工招聘活动中，通过了解求职者对企业员工责任的期望、敏感度等内容，筛选出与企业责任价值观更加契合的求职者。从另一方面来看，企业员工责任承担行为有助于企业良好形象的树立，在社会各界普遍关注责任履行的情况下，为企业吸引更多优秀的求职者。并且企业员工责任的理念还可以帮助企业进一步规范其招聘活动，在人力资源管理源头就处理好员工多样性问题，为求职者提供公平的竞争环境。对油品销售企业来说，在招聘环节对工作场所、工作条件、工作报酬等信息进行充分透明的信息提供，更有助于员工在入职伊始就形成对企业的信任和组织认同。

在员工管理和考核活动中，通过日常员工管理活动在组织中营造责任文化氛围，充分传递企业员工责任履行信息，进一步强化企业与员工的心理契约联系。员工与企业心理契约的联结是一种更深层次的联结，其在提升员工组织认同和员工忠诚度方面的效果明显优于企业与员工之间的物质联结。本次实证研究结果也表明，企业以非货币形式履行的员工责任在被员工感知后对企业绩效的影响程度更高。

在员工薪酬和激励活动中，通过更加科学的薪酬体系设计，不断改善薪酬对员工行为的激励效果，引导企业员工责任履行向员工期望靠拢。通过多样化的奖励设计，激励促进工在经营活动、社会活动和环境改善等方面的突破和创新。

在员工培训和发展活动中，企业展示出的员工责任履行内容有助于增强员工的社会责任意识，培养员工的社会责任感。

在知识经济时代，企业人力资源管理活动更要从战略的角度塑造企业核心竞争力。将员工责任理念与人力资源管理相融合，塑造"有责任感"的员工，打造"有责任感"的企业。对外树立良好的企业声誉，对内形成良好的企业文化氛围，良性循环的结果是管理费用、内部协调等内耗性隐性成本的巨大节约，助力企业提质增效。

7.4　对标可持续发展目标披露企业员工责任履行信息

员工对企业履责行为的感知依托于企业信息披露的方式和效果。油品销售企业应该不断强化其信息披露工作，将规范、完整的员工责任履行信息及时传递给所有利益相关者。

由于油气行业对环境的突出影响，其相关政策一直以来备受瞩目。中国石油集团自 2006 年开始发布企业社会责任报告以来，一直遵循 GRI 指南，并在 2017 年社会责任报告中全面对标 SDGs。SDGs 是 2015 年 9 月 193 个成员国在联合国可持续发展峰会上正式通过的 17 个可持续发展目标（sustainable development goals）的简称，旨在从 2015 ~ 2030 年以综合方式彻底解决社会、经济和环境 3 个维度的发展问题。

油品销售企业作为中国石油集团的下属单位，亦应在企业员工责任信息披露方面主动遵循相关要求。在 2021 年首次发布的 GRI 11 油气行业准则中，油气行业社会责任的关注议题共有 22 项。其中与员工责任相关的有第 9 项、10 项、11 项、12 项，共 4 项。根据 2021 年 GRI 最新发布的油气行业准则的内容，油品销售企业员工责任信息与 SDGs 的对标结果如表 7 - 1 所示。

表7-1　　　　　　　　GRI 11 准则议题与 SDGs 的关联

GRI 11 议题编号	可持续发展目标 SDGs								
	1 无贫穷	……	3 良好健康与福祉	4 优质教育	5 性别平等	……	8 体面工作和经济增长	……	10 减少不平等	……
……									
议题11.9：职业健康安全			√				√			
议题11.10：用工实践	√			√	√		√		√	
议题11.11：无歧视及机会平等				√	√		√		√	
议题11.12：强迫劳动和现代奴役							√			
……									

由表7-1可以看出，GRI 11 中关于员工责任的4个议题分别对标于不同的 SDGs。

第9项议题是关于职业健康安全。为职工提供健康和安全的工作环境是保障人权的重要内容。职业健康安全议题包括对员工身体和心理伤害的预防以及企业保障员工健康的措施。油品销售企业员工可能面临的健康风险包括：工作过程中可能发生的火灾、爆炸等严重事故的伤害、油气产品挥发导致的化学伤害、工作场所中的噪声伤害、工作场所地处偏远而导致的心理孤独、由于工作导致的疲劳、精神压力等问题。企业在进行相关信息披露时，应充分报告已经发生的事故及其影响、对事故隐患的排查措施、对员工提供的相关保护措施等内容。对上述职业健康安全的持续关注和改进，有助于实现 SDGs 中的第3项和第8项目标。

第10项议题是关于企业用工实践。用工实践是指企业提供的工作岗位、雇用条款以及为员工提供的工作条件。这一议题还被延伸至相关供应链企业的雇用和工作条件的状况。油气行业价值链长，能够为资源所在国、地区、社区提供较多的工作机会，这些会对社会经济产生积极的影响。但是油气行业的工作安排通常较为复杂。对油品销售企业来说，由于加油站都是24小时营业，其员工经常需要三班倒甚至两班倒。这就需要企业适当提供轮休、疗养等机会，以保证员工能够得到充分的休息。另外，由于受到资源开采状况、油价波动以及低碳经济转变所导致的消费变化等因素影响，油气企业的用工并不稳定。智能设备的普遍应用也会对低端岗位产生冲击。除此之外，这一议题中还包括对企业供应商用工合规状况的关注；对不同种类员工的雇用条款差异。因此，油品销售企业在相关信息披露时，应充分报告员工雇用及离职状况、劳动保障状况、员工培训状况以及对供应商的管理。对企业用工实践的持续关注和改进，有助于实现 SDGs 中第 1 项、4 项、5 项、8 项、10 项的目标。

第 11 项议题是关于无歧视和机会平等。这一议题包括用工歧视、多元化与包容性、平等的工作机会。歧视可能涉及种族、肤色、性别、身体残疾、宗教等。对于油品销售企业来说，具体可能表现在对女性员工的歧视、对残疾人的歧视、对教育背景的歧视等方面。油品销售企业在相关信息披露时，应充分报告女性员工数量及占比、女性管理者数量及占比、残疾人在本单位的就业状况等信息，以及企业防范歧视行为的措施等。对这一议题的持续关注和改进，有助于实现 SDGs 中第 4 项、5 项、8 项、10 项的目标。

第 12 项议题是强迫劳动和现代奴役。这一议题包括对非法用工、童工等违背人权状况的关注。值得骄傲的是，在我国油品销售企业不会发生上述状况。

我们认为在上述议题范围内，油品销售企业应继续依据企业经营实际，选择恰当指标对相关信息进行定量描述，以提高信息披露质量。

7.5　本章小结

本章为油品销售企业履行员工责任提升企业绩效提出四项具体建议。具体包括：一是货币形式员工责任履行对企业绩效影响有限，但油品销售企业履行员工责任不应过于依赖货币形式员工责任；二是非货币形式员工责任履行对企业绩效的影响效果较为明显，油品销售企业相关资源配置应该向非货币形式员工责任倾斜；三是落实员工责任履行，油品销售企业应将员工责任履行与人力资源管理活动相融合；四是对标 SDGs，将规范、完整的员工责任履行信息及时传递给所有利益相关者。

| 第8章 |

结　论

员工是企业的宝贵资源和财富，企业员工责任是其社会责任的一个重要组成部分。在当前国际石油市场动荡、能源转型的宏观经济背景之下，油品销售企业如何在巨大的成本压力下保证员工责任的履行；又如何通过员工责任的履行激发员工的积极性以促进企业绩效目标的实现，这些问题成为困扰油品销售企业管理人员的难题。

本次研究以社会责任理论为指导，在充分阅读文献的基础上，建立了履行员工责任对企业绩效影响的理论模型。在油品销售企业进行现场调研、完成问卷设计之后，我们通过问卷调查的方式获得了第一手的研究资料。运用结构方程模型，完成了理论模型的实证检验。本次研究所获取的相关研究成果列示如下。

第一，在本次研究中，企业履行员工责任被划分为货币形式员工责任和非货币形式员工责任。调研后发现，油品销售企业近年来经营承压，经营绩效出现下滑的趋势，但是企业仍然积极履行其员工责任。

第二，在文献梳理及现场调研的基础上，完成调查问卷的设计，共设计34 个具体题项。

第三，通过本次调研所得到的员工基础数据分析可以发现：一是油品销售企业员工中男女比例基本均衡，不存在性别歧视问题；二是油品销售企业的员工中 25 岁以下青年员工的数量极少，工作年限 10 年以上员工占接受调查者的比例超过 7 成；三是油品销售企业员工中为普通高中/中专及以下学历的员工占比相对较高。即本次调研数据说明油品销售企业表现出劳动密集型企业的用工特点。

第四，对调研数据的区别分析发现：一是不同性别员工在货币形式员工责任、员工组织认同以及企业绩效 3 个维度的打分合计值存在显著差异，并且女性员工打分明显高于男性员工的打分；二是不同年龄员工在员工组织认同和企业绩效两个维度的打分合计值存在显著差异，并且差异均表现为 35 岁以下年龄组的打分高于其他两个年龄组；三是不同学历员工仅在企业绩效维度的打分合计值存在显著差异，并且差异表现为高中/中专及以下学历组的打分高于其他两个学历组；四是工作年限分组后，其在 5 个维度的打分合计值都存在显著差异。更进一步地，差异具体表现为工作年限 10 年以下的打分明显高于工作年限 10 年以上的员工；五是不同岗位层级分组的员工仅在个别题项打分上存在差异，但在 5 个维度的打分合计值都不存在显著差异。

第五，实证分析结果显示：油品销售企业履行员工责任对其绩效没有产生直接影响，其影响是以员工感知为中介变量间接实现的。并且企业非货币形式员工责任承担对企业绩效的影响显著高于其货币形式员工责任承担。

第六，根据实证研究结论，提出四点建议：一是油品销售企业不应过分依赖货币形式员工责任改善企业绩效；二是在保证基础货币形式员工责任得以履行的刚性约束之下，相关资源配置应向非货币形式员工责任的履行倾斜；三是油品销售企业应努力实现员工责任承担与人力资源管理活动的融合；四是对标企业可持续发展目标，完善油品销售企业员工责任履行信息披露。

履行员工责任是企业社会责任承担的基本内容之一，也是形成企业核心竞争力的有力推动因素。从长期效果来看，有助于企业绩效的持续改进。希望通过本次研究，帮助油品销售企业进一步强化对履行员工责任的正确认识，助力企业实现高质量发展！

附　录

GRI 11 重要议题与 SDGs 之间的联系 *

GRI11重要议题	1 无贫穷	2 零饥饿	3 良好健康与福祉	4 优质教育	5 性别平等	6 清洁饮水和卫生设施	7 可负担的清洁能源	8 体面工作和经济增长	9 产业、创新和基础设施	10 减少不平等	11 可持续城市和社区	12 负责任的消费和生产	13 气候行动	14 水下生物	15 陆地生物	16 和平、正义与强大的机构	17 促进目标实现伙伴关系
11.1 温室气体排放													●	●			
11.2 气候适应、韧性和转型	●						●	●	●			●	●				
11.3 气体排放			●								●				●		
11.4 生物多样性						●						●		●	●		

* 资料来源：GRI 11：Oil and Gas Sector 2021。

续表

GRI11 重要议题	1 无贫穷	2 零饥饿	3 良好健康与福祉	4 优质教育	5 性别平等	6 清洁饮水和卫生设施	7 可负担的清洁能源	8 体面工作和经济增长	9 产业、创新和基础设施	10 减少不平等	11 可持续城市和社区	12 负责任的消费和生产	13 气候行动	14 水下生物	15 陆地生物	16 和平、正义与强大的机构	17 促进目标实现伙伴关系
11.5 废弃物			●			●						●		●	●		
11.6 水和废液						●						●		●	●		
11.7 关停和复原				●				●			●			●	●		
11.8 资产完整性和关键事件管理											●			●			
11.9 职业健康和安全			●					●									
11.10 雇用实践	●			●	●			●		●							
11.11 无歧视与同等机会				●	●			●		●						●	
11.12 受迫劳工与现代奴隶								●								●	
11.13 社团自由与集体交涉								●								●	

续表

GRI11 重要议题	1 无贫穷	2 零饥饿	3 良好健康与福祉	4 优质教育	5 性别平等	6 清洁饮水和卫生设施	7 可负担的清洁能源	8 体面工作和经济增长	9 产业、创新和基础设施	10 减少不平等	11 可持续城市和社区	12 负责任的消费和生产	13 气候行动	14 水下生物	15 陆地生物	16 和平、正义与强大的机构	17 促进目标实现伙伴关系
11.14 经济影响	●				●			●	●	●							
11.15 当地社区	●		●		●	●										●	
11.16 土地与资源权	●	●									●					●	
11.17 原住民权力	●		●		●						●					●	
11.18 冲突与安全																●	
11.19 反竞争行为																●	
11.20 反腐败												●					
11.21 给政府缴款	●															●	●
11.22 公共政策																●	

履行员工责任对企业绩效的影响研究调查问卷

尊敬的先生/女士：您好！

万分感谢您在百忙之中抽出时间填写这份调查问卷。该问卷是一份学术问卷，旨在研究企业员工责任对企业绩效的影响。您所填写的内容仅作学术研究分析之用且被严格保密，请放心作答。请认真阅读以下题目和选项，在相应的地方做出与您实际相符的选择。

您的宝贵意见和建议对本次问卷调查结果有重要影响，衷心感谢您的帮助！（以下均为单选题）

a1. 您的性别：

    A. 男   B. 女

a2. 您的年龄：

    A. 25 岁以下   B. 25 ~ 35 岁

    C. 36 ~ 45 岁   D. 45 岁以上

a3. 您的最高学历：

    A. 高中/中专及以下   B. 大专

    C. 本科   D. 硕士及以上

a4. 您的工作年限：

    A. 2 年以下   B. 2 ~ 5 年

    C. 6 ~ 10 年   D. 10 年以上

a5. 您的岗位层级：

    A 一般员工   B. 站队负责人   C. 中层管理者

b1. 企业工资水平超过当地最低工资标准：

    A. 非常不同意   B. 不同意   C. 一般   D. 同意

    E. 非常同意

b2. 企业能够按时足额发放工资：

    A. 非常不同意   B. 不同意   C. 一般   D. 同意

    E. 非常同意

b3. 企业遵守各项劳动法规：

    A. 非常不同意   B. 不同意   C. 一般   D. 同意

    E. 非常同意

b4. 如有加班，企业能够给予合理加班费：

    A. 非常不同意   B. 不同意   C. 一般   D. 同意

    E. 非常同意

b5. 企业有合理的绩效考核体系：

    A. 非常不同意   B. 不同意   C. 一般   D. 同意

    E. 非常同意

b6. 企业有较为完善的福利保障计划：

    A. 非常不同意   B. 不同意   C. 一般   D. 同意

    E. 非常同意

b7. 企业按时足额为员工缴纳社会保险费用：

    A. 非常不同意   B. 不同意   C. 一般   D. 同意

    E. 非常同意

b8. 企业有员工餐厅、活动室等福利设施：

    A. 非常不同意   B. 不同意   C. 一般   D. 同意

    E. 非常同意

b9. 企业为保障员工身体健康，定期为员工体检：

    A. 非常不同意   B. 不同意   C. 一般   D. 同意

    E. 非常同意

b10. 企业关注员工的心理健康状况：

    A. 非常不同意   B. 不同意   C. 一般   D. 同意

    E. 非常同意

b11. 企业为员工提供了安全的工作环境：

    A. 非常不同意   B. 不同意   C. 一般   D. 同意

    E. 非常同意

b12. 企业鼓励、支持员工的技能学习：

    A. 非常不同意   B. 不同意   C. 一般   D. 同意

    E. 非常同意

b13. 企业设置了良好的内部晋升通道：

    A. 非常不同意　　B. 不同意　　　　C. 一般　　　　D. 同意

    E. 非常同意

b14. 企业为员工提供公平的职业培训、学习机会：

    A. 非常不同意　　B. 不同意　　　　C. 一般　　　　D. 同意

    E. 非常同意

b15. 企业对生活上有困难的员工给予特别的帮助：

    A. 非常不同意　　B. 不同意　　　　C. 一般　　　　D. 同意

    E. 非常同意

b16. 企业关注员工的生活需求：

    A. 非常不同意　　B. 不同意　　　　C. 一般　　　　D. 同意

    E. 非常同意

b17. 企业尊重员工的民主权利和合法权益：

    A. 非常不同意　　B. 不同意　　　　C. 一般　　　　D. 同意

    E. 非常同意

c1. 企业内部是民主和谐的：

    A. 非常不同意　　B. 不同意　　　　C. 一般　　　　D. 同意

    E. 非常同意

c2. 企业尊重和平等地对待每一位员工：

    A. 非常不同意　　B. 不同意　　　　C. 一般　　　　D. 同意

    E. 非常同意

c3. 我的上级能够给我足够的信任：

    A. 非常不同意　　B. 不同意　　　　C. 一般　　　　D. 同意

    E. 非常同意

c4. 企业注重与员工的沟通交流：

    A. 非常不同意　　B. 不同意　　　　C. 一般　　　　D. 同意

    E. 非常同意

c5. 就我的工作付出而言，我所得报酬是公平合理的：

    A. 非常不同意　　B. 不同意　　　　C. 一般　　　　D. 同意

    E. 非常同意

c6. 企业的薪酬构成是合理的：

    A. 非常不同意　　　B. 不同意　　　　C. 一般　　　　D. 同意

    E. 非常同意

c7. 我认同当前的组织目标和企业文化：

    A. 非常不同意　　　B. 不同意　　　　C. 一般　　　　D. 同意

    E. 非常同意

c8. 这份工作能够给我带来成就感：

    A. 非常不同意　　　B. 不同意　　　　C. 一般　　　　D. 同意

    E. 非常同意

c9. 我是企业大家庭中的一分子：

    A. 非常不同意　　　B. 不同意　　　　C. 一般　　　　D. 同意

    E. 非常同意

c10. 我关注企业发展，愿意贡献自己的力量：

    A. 非常不同意　　B. 不同意　　　　C. 一般　　　　D. 同意

    E. 非常同意

c11. 我为企业的成绩而骄傲：

    A. 非常不同意　　B. 不同意　　　　C. 一般　　　　D. 同意

    E. 非常同意

c12. 我不愿意看到企业的负面消息：

    A. 非常不同意　　B. 不同意　　　　C. 一般　　　　D. 同意

    E. 非常同意

c13. 我不会考虑离开企业：

    A. 非常不同意　　B. 不同意　　　　C. 一般　　　　D. 同意

    E. 非常同意

d1. 企业拥有良好的品牌及社会形象：

    A. 非常不同意　　　B. 不同意　　　　C. 一般　　　　D. 同意

    E. 非常同意

d2. 企业能够较快适应经营环境的变化并做出积极应对：

    A. 非常不同意　　　B. 不同意　　　　C. 一般　　　　D. 同意

    E. 非常同意

d3. 企业获利能力是稳定的、可持续的：

    A. 非常不同意　　B. 不同意　　　　C. 一般　　　　　D. 同意

    E. 非常同意

d4. 企业发展状况较好：

    A. 非常不同意　　B. 不同意　　　　C. 一般　　　　　D. 同意

    E. 非常同意

参 考 文 献

1. 蔡阳. 企业履行社会责任驱动财务绩效的实证研究——来自江苏省上市公司的经验数据 [J]. 市场周刊, 2018 (10): 91-93, 102.

2. 晁罡, 袁品, 段文, 等. 企业领导者的社会责任取向、企业社会表现和组织绩效的关系研究 [J]. 管理学报, 2008 (3): 445-453.

3. 陈承, 张俊瑞, 李鸣, 等. 中小企业社会责任的概念、维度及测量研究 [J]. 管理学报, 2015 (11): 1687-1694.

4. 陈明淑, 周帅. 参与式管理对新生代员工忠诚度的影响研究——一个被调节的中介效应模型 [J]. 工业技术经济, 2018, 37 (10): 12-18.

5. 陈明霞. 基于心理契约员工薪酬满意度和忠诚度的关系研究 [J]. 现代商业, 2019 (35): 84-85.

6. 陈帅, 俞飞滢, 周娟, 等. 共享经济下半契约型员工忠诚度形成机制——一个基于扎根理论的探索性研究 [J]. 财经论丛, 2020 (2): 94-103.

7. 陈勇. 基于心理契约的企业员工忠诚度调查分析 [J]. 山东农业工程学院学报, 2017, 34 (10): 121-122.

8. 初智巍. 关于企业对员工履行社会责任的现实观照———以黑龙江省H高新技术企业为例 [J]. 学术交流, 2012 (9): 143-146.

9. 丁栋虹, 陈学猛. 社会责任与公司绩效关系实证研究——来自中国上市公司的证据 [J]. 学习与探索, 2013 (4): 101-106.

10. 董雪. 保险公司承担社会责任与其经营业绩的相关性研究——基于人身险和财产险公司面板数据的证据 [J]. 上海保险, 2018 (10): 33-38.

11. 杜闰平. 基于马斯洛需要层次理论的企业员工非薪酬激励研究 [J]. 营销界, 2019 (24): 133-135.

12. 付非，赵迎欢. 企业社会责任、员工工作满意度与组织认同 [J].技术经济与管理研究，2017 (4)：64 – 68.

13. 付非，赵迎欢. 企业社会责任、员工组织认同与员工创新行为——企业能力的调节作用 [J]. 技术经济与管理研究，2017 (12)：37 – 41.

14. 宫汝凯. 要素市场联动：最低工资与企业杠杆率 [J]. 财经研究，2020，46 (12)：109 – 123.

15. 关峻，陈晓飞. 医药企业社会责任对标杆绩效影响的实证研究 [J].技术经济，2014，33 (5)：102 – 111.

16. 郭毅，叶方缘. 1998—2018 年中国企业社会责任研究的文献计量分析 [J]. 北京交通大学学报（社会科学版），2019 (4)：78 – 88.

17. 国家标准化管理委员会网站，社会责任报告编写指南（GB/T 36001—2015）[EB/OL]. http://c. gb688. cn/bzgk/gb/showGb? type=online&hcno=611424A17324900421D07602A5D1030E.

18. 韩志刚. 基于结构方程模型方法的铁路施工企业人才管理与绩效关系研究 [J]. 企业改革与管理，2019 (5)：82 – 83，86.

19. 郝云宏，汪月红. 企业员工责任对其绩效影响的实证研究 [J]. 福建论坛（人文社会科学版），2008 (4)：15 – 18.

20. 何奎. 企业员工责任对新生代员工角色行为的影响 [J]. 税务与经济，2017 (4)：58 – 64.

21. 何奎. 企业员工责任对新生代员工组织公民行为影响研究 [J]. 管理学刊，2018 (2)：33 – 43.

22. 何显富，蒲云，朱玉霞，等. 中国情境下企业社会责任量表的修正与信效度检验 [J]. 软科学，2010 (12)：106 – 110.

23. 贺伟，龙立荣. 转型经济下员工薪酬满意度的维度及其与情感承诺、离职倾向的关系研究 [J]. 珞珈管理评论，2010 (2)：42 – 54.

24. 胡晓辉，包平，黄思慧. 国内高校图书馆组织氛围维度结构研究——基于扎根理论的探索 [J]. 图书馆学研究，2020 (10)：28 – 38.

25. 胡鹰，沈静文. 组织氛围、组织创新、创新关注度和财务绩效 [J].商业会计，2020 (20)：43 – 47.

26. 黄俊，贾煜，秦颖，等. 员工感知的企业员工责任会激发员工创新行为吗——工作满足和工作投入的中介作用 [J]. 科技进步与对策, 2016, 33 (22): 116－121.

27. 黄群慧, 钟宏武, 张蒽. 中国企业社会责任研究报告 (2019) [M]. 北京: 社会科学文献出版社, 2019.

28. 霍远, 王维. 社会责任履行水平与盈余持续性: 得不偿失抑或锦上添花 [J]. 财会月刊, 2021 (2): 72－81.

29. 金华. 关于野外队员工忠诚度的调查与研究 [J]. 江汉石油职工大学学报, 2013, 26 (6): 104－106.

30. 金立印. 企业社会责任运动测评指标体系实证研究——消费者视角 [J]. 中国工业经济, 2006 (6): 114－120.

31. 黎友焕, 文志芳, 译著. 国际标准ISO 26000 解读 [M]. 西北工业大学出版社, 2011.

32. 李根强. 伦理型领导、组织认同与员工亲组织非伦理行为: 特质调节焦点的调节作用 [J]. 科学学与科学技术管理, 2016, 37 (12): 125－135.

33. 李建强, 高翔, 赵西亮. 最低工资与企业创新 [J]. 金融研究, 2020 (12): 132－150.

34. 李姣. 深圳市部分企业员工心理压力现状调查与分析 [J]. 南方论刊, 2018 (1): 74－76, 108.

35. 李立群, 王礼力. 中小型农业企业综合绩效的影响机制——基于资源异质性的研究 [M]. 北京: 社会科学文献出版社, 2017.

36. 李祥进, 杨东宁, 徐敏亚, 等. 中国劳动密集型制造业的生产力困境——企业社会责任的视角 [J]. 南开管理评论, 2012, 15 (3): 122－130.

37. 李正. 企业社会责任与企业价值的相关性研究——来自沪市上市公司的经验证据 [J]. 中国工业经济, 2006 (2): 77－83.

38. 刘建秋, 宋献中. 社会责任维度对企业价值影响的差异化研究 [J]. 贵州财经学院学报, 2011 (5): 65－71.

39. 刘镜, 赵晓康, 沈华礼. 员工职业生涯规划有益于其创新行为吗? ——持续学习和自我效能的中介作用及组织氛围的调节作用 [J]. 预测, 2020, 39 (4): 53－60.

40. 刘银国, 万许元. 慈善捐赠对企业绩效的影响——利益相关者归因

的调节效应 [J]. 吉林工商学院学报, 2019, 35 (5): 26 - 31, 117.

41. 卢美月, 张文贤. 企业文化与组织绩效关系研究 [J]. 南开管理评论, 2006 (6): 26 - 30, 67.

42. 陆玉梅, 高鹏, 高杰, 等. 团队协作视角下的知识型员工责任激励机制研究 [J]. 经济问题, 2016 (1): 100 - 107.

43. 陆玉梅, 高鹏, 刘素霞. 公平关切及风险规避下知识型员工激励机制及改进模型 [J]. 预测, 2016, 35 (2): 56 - 61, 68.

44. 陆玉梅, 陆海曙, 刘素霞. 民营企业承担员工社会责任的内生机制博弈分析 [J]. 软科学, 2014 (10): 39 - 42, 46.

45. 罗美娟, 郑向敏. 职业健康安全视角下的旅游企业员工责任 [J]. 沿海企业与科技, 2008 (11): 53 - 56.

46. 罗艳梅. 员工薪酬激励、知识能力与内部控制质量——来自中国制造业上市公司的经验证据 [J]. 南京审计大学学报, 2020, 17 (5): 51 - 60.

47. 骆南峰, 企业社会责任测量与评价 [M]. 北京: 经济管理出版社, 2017.

48. 吕婉晖, 张尚. 建筑从业人员的工作压力源研究——基于苏州地区的实证分析 [J]. 工程经济, 2020, 30 (6): 31 - 36.

49. 彭荷芳, 陆玉梅. 民营企业员工社会责任与企业绩效相关性实证研究 [J]. 会计之友, 2014 (34): 8 - 13.

50. 彭荷芳, 陆玉梅. 员工社会责任、忠诚度与企业绩效 [J]. 财会月刊, 2015 (35): 31 - 36.

51. 彭荷芳, 周健颖, 陆玉梅. 制度压力、员工社会责任行为与民营企业绩效关系研究 [J]. 宏观经济研究, 2016 (11): 152 - 160.

52. 钱雪松, 彭颖. 社会责任监管制度与企业环境信息披露: 来自《社会责任指引》的经验证据 [J]. 改革, 2018 (10): 139 - 149.

53. 沈洪涛. 公司社会责任与公司财务业绩关系研究 [D]. 厦门: 厦门大学, 2005.

54. 沈洪涛, 沈艺峰. 公司社会责任思想起源与演变 [M]. 上海: 上海人民出版社, 2007.

55. 沈建兰, 彭正龙. 影响浙江省中小型民营企业员工离职倾向的组织

因素实证研究 [J]．经济论坛，2010（10）：79－81．

56．沈志渔，刘兴国，周小虎．基于社会责任的国有企业改革研究 [J]．中国工业经济，2008（9）：141－149．

57．孙苒，张澄，杨荣慧，等．国企科技人员柔性激励探索——以电网A企业为例 [J]．中国经贸导刊（中），2019（12）：134－136．

58．谭润，林文其，章喜为．企业履行员工责任的价值分析——以中国建设银行娄底市分行为例 [J]．今日中国论坛，2013（5）：61－65．

59．唐孜彦，李璇．垄断企业组织氛围、工作控制对一线员工的影响 [J]．生产力研究，2020（2）：118－121．

60．汪柳洋．高新技术企业知识型员工流失的困境与对策分析 [J]．经济研究导刊，2019（30）：113－114．

61．王彬彬．探讨工资薪酬在人力资源管理中的激励作用 [J]．中国乡镇企业会计，2020（8）：135－136．

62．王士红，徐彪，彭纪生．组织氛围感知对员工创新行为的影响——基于知识共享意愿的中介效应 [J]．科研管理，2013，34（5）：130－135．

63．王仙雅，林盛，陈立芸，等．组织氛围、隐性知识共享行为与员工创新绩效关系的实证研究 [J]．软科学，2014，28（5）：43－47．

64．王晓丽．企业绩效评价理论与方法 [J]．财会学习，2019（9）：180－181．

65．王彦斌，赵晓荣．中国企业员工的组织认同及其整合基础——以企业控股形式为视点的分析 [J]．江苏行政学院学报，2009（6）：49－54．

66．王永明．组织认同：员工自我管理的道德自律 [J]．领导科学，2016（2）：51－53．

67．王哲，张爱卿．内部企业社会责任对员工反生产行为的影响——组织认同的中介和理想主义道德标准的调节 [J]．经济管理，2019，41（8）：130－146．

68．温素彬，方苑．企业社会责任与财务绩效关系的实证研究——利益相关者视角的面板数据分析 [J]．中国工业经济，2008（10）：150－160．

69．吴芳，张岩．基于工具性利益相关者视角的员工责任与企业创新绩效研究 [J]．管理学报，2021，18（2）：203－212．

70. 吴明隆. 结构方程模型——AMOS 的操作与应用［M］. 重庆：重庆大学出版社，2010.

71. 吴明隆. 结构方程模型——AMOS 实务进阶［M］. 重庆：重庆大学出版社，2013.

72. 吴明隆. 问卷统计分析实务——SPSS 操作与应用［M］. 重庆：重庆大学出版社，2010.

73. 肖红军，阳镇. 新中国 70 年企业与社会关系演变：进程、逻辑与前景［J］. 改革，2019（6）：5－19.

74. 肖红军，阳镇，姜倍宁. 企业社会责任治理的政府注意力演化———基于 1978—2019 中央政府工作报告的文本分析［J］. 当代经济科学，2021（3）：58－73.

75. 谢玉华，刘晓东，潘晓丽. 员工参与对员工忠诚度影响的实证研究［J］. 湖南大学学报（社会科学版），2010，24（5）：52－56.

76. 徐菲. 员工忠诚度影响因素研究［J］. 合作经济与科技，2020（17）：148－151.

77. 徐鹏. 企业社会责任会影响盈余质量吗？［J］. 财会通讯，2021（3）：55－58.

78. 闫向连，油晓峰. 企业员工忠诚度模型的构建——基于企业文化结构的视角［J］. 云南财经大学学报，2012，28（6）：146－153.

79. 严姝婷，樊传浩. 支持性组织氛围对科技人员主动创新行为影响研究：自我决定感与分配公平的作用［J］. 技术经济，2020，39（5）：60－67.

80. 阳芳，韦晓顺. 组织信任对新员工工作满意度影响的实证研究［J］. 江西社会科学，2016，36（6）：210－216.

81. 杨风，柯艳蓉，童飞. 代理冲突与企业社会责任：基于内部人控制视角［J］. 财会月刊，2018（1）：47－54.

82. 杨恺钧，褚天威. 基于 CSR 的企业员工责任与品牌影响力关系［J］. 世界科技研究与发展，2016，38（1）：193－198.

83. 杨自业，尹开国. 公司社会绩效影响财务绩效的实证研究——来自中国上市公司的经验证据［J］. 中国软科学，2009（11）：109－118.

84. 殷瑜. 基于员工满意度的企业绩效分析 [J]. 市场周刊, 2018 (11): 180 – 181.

85. 俞欣, 郏宝云, 陆玉梅. 民营企业员工社会责任履践机制与行为效应研究 [J]. 财会通讯, 2018 (29): 40 – 44.

86. 臧红敏, 王钦, 李霞. 东北地区制造企业履行员工社会责任的绩效评价——基于国有企业与民营企业比较的视角 [J]. 辽宁大学学报 (哲学社会科学版), 2016 (7): 31 – 37.

87. 张宏, 范祎丽, 叶敏. 企业社会责任对财务绩效的影响研究——基于内部控制的作用 [J]. 生产力研究, 2019 (10): 137 – 141, 161.

88. 张兰霞, 基于心理契约的知识型员工忠诚度的影响因素管理评论 [J]. 人力资源管理, 2008, (4): 39 – 57.

89. 赵存丽. 不同企业性质的社会责任与财务绩效相关性研究 [J]. 会计之友, 2013 (2): 25 – 28.

90. 赵芸, 李常洪. 不同行业员工责任绩效比较及其与企业经济绩效的关系研究 [J]. 数理统计与管理, 2014 (5): 441 – 447.

91. 郑赤建, 张慢慢, 胡培培. 互联网企业员工责任对新生代知识型员工工作绩效的影响研究 [J]. 兰州财经大学学报, 2019, 35 (2): 105 – 114.

92. 中华人民共和国中央人民政府网站, 国资委关于印发《关于中央企业履行社会责任的指导意见》的通知 [EB/OL]. http://www.gov.cn/zwgk/2008 – 01/04/content_850589.htm.

93. 钟原, 何雅娟, 杨逸瞻, 等. 企业员工责任评价指标设计及实证研究 [J]. 经济师, 2017 (2): 92 – 94.

94. 周浩, 汤丽荣. 市场竞争能倒逼企业善待员工吗? ——来自制造业企业的微观证据 [J]. 管理世界, 2015 (11): 135 – 144.

95. 周祥荣. 企业员工工作满意度、组织认同与离职倾向的关系研究 [D]. 长沙: 湖南师范大学, 2013.

96. 周勇, 张慧. 雇主品牌与员工忠诚度的相关分析 [J]. 创新, 2010, 4 (4): 115 – 119.

97. 朱文静. 知识型员工忠诚度思考 [J]. 合作经济与科技,

2020（12）：102 – 103.

98. 朱月乔，周祖城. 企业履行社会责任会提高员工幸福感吗？——基于归因理论的视角［J］. 管理评论，2020，32（5）：233 – 242.

99. Akremi A. E，Gond J. P，Swaen V. et al.，How do employees perceive corporate responsibility? Development and validation of a multidimensional corporate stakeholder responsibility scale［J］. Journal of Management，2015（1）.

100. Albert S，Ashforth B E，Dutton J E. Organizational identity and identification：Charting new waters and building new bridges［J］. Academy of Management Review，2000，25（1）：1 – 17.

101. Albuquerque R.，Koskinen，Y.，Zhang，C.，Corporate social responsibility and firm risk：theory and empirical evidence［J］. Management Science. 2019，65（10）：4451 – 4469.

102. Alonso-Almeida M.，Llach J.，Marimon F.，A closer look at the 'Global Reporting Initiative' sustainability reporting as a tool to implement environmental and social policies：A worldwide sector analysis［J］. Corporate Social Responsibility and Environmental Management，2014，21（6）：318 – 335.

103. Aupperle K. E.，An Empirical Measure of Corporate Social Orientation［J］. Research in Corporate Social Performance and Policy，1984（6）：27 – 54.

104. Aupperle K. E.，A. B. Corroll and J. D. Hatfield，An Empirical Examination of the Relationship Between Corporate Social Responsibility and Profitability［J］. Academy of Management Journal，1985，28（2）：446 – 463.

105. Ayokunle O. O.，Temitope O.，Najimu S.，Review of the Use of Corporate Social Responsibility（CSR）Tools［J］. Sustainable Production and Consumption，2021（27）：425 – 435.

106. Baron D. P.，Corporate social responsibility and social entrepreneurship［J］. Journal of Economics & Management Strategy，2007，16（3）：683 – 717.

107. Baron D. P.，Managerial contracting and corporate social responsibility［J］. Journal of Public Economics，2008，92（1 – 2）：268 – 288.

108. Bénabou R.，Tirole J.，Individual and corporate social responsibility［J］. Economica，2010，77（305）：1 – 19.

109. Bhattacharya C. B. , Sen S. , Korschun D. , Using corporate social responsibility to win the war for talent [J]. Sloan Management Review, 2008 (49): 37 – 44.

110. Bob V. , Are satisfied employees loyal employees? [J]. Potential, 1999, (9): 69 – 70 .

111. Bolton S. C. , Kim R. C. – h. , O'Gorman K. D. , Corporate social responsibility as a dynamic internal organizational process: a case study [J]. Journal of Business Ethics, 2011, 101 (1): 61 – 74.

112. Borghesi R. , Houston J. F. , Naranjo A. , Corporate socially responsible investments: CEO altruism, reputation, and shareholder interests [J]. Journal of Corporate Finance, 2014, 26: 164 – 181.

113. Bowman E. H. , Haire A. , Strategic Posture Toward Corporate Social Responsibility [J]. California Management Review, 1975, 18 (2): 49 – 58.

114. Brammer S. , Millington A. , Rayton B. , The contribution of corporate social responsibility to organizational commitment [J]. International Journal of Human Resource Management, 2007 (18): 1701 – 1719.

115. Buchanan B. , Cao C. X. , Chen C. , Corporate social responsibility, firm value, and influential institutional ownership [J]. Journal of Corporate Finance, 2018, 52: 73 – 95.

116. Carroll A. B. , The pyramid of corporate social responsibility: Toward the moral management of organizational stakeholders [J]. Business horizons, 1991 (7): 42 – 45.

117. Carroll A. B. , Corporate social responsibility: The centerpiece of competing and complementary frameworks [J]. Organizational Dynamics, 2015, 44 (2): 87 – 96.

118. Carroll A. B. , A Three—Dimensional Conceptual Model of Corporate Social Performance [J]. Academy of Management Review, 1979 (4): 497 – 505.

119. Carroll A. B. , Corporate Social Responsibility: Evolution of a Definition Construct [J]. Business and Society, 1999, 38 (3): 269 – 270.

120. Chava S. , Environmental externalities and cost of capital [J]. Management Science, 2014, 60 (9): 2223 – 2247.

121. Clarkson M. , A Stakeholder Framework for Analyzing and Evaluating Corporate Social Responsibility [J]. The Academy of Management Review, 1995, 20 (1): 92 – 118.

122. Dessler A. , Field Study of the Use and Perceived Effects of Discipline in Controlling Work Performance [J]. The Academy Management Journal, 1980 (4): 743 – 764.

123. Di Giuli, A. and L. Kostovetsky, Are red or blue companies more likely to go green? Politics and corporate social responsibility [J]. Journal of Financial Economics, 2014, 111 (1): 158 – 180.

124. Diez-Cañamero B. , Bishara T. , Otegi-Olaso J. R. , Minguez R. , Fernández J. M. , Measurement of Corporate Social Responsibility: A Review of Corporate Sustainability Indexes, Rankings and Ratings [J]. Sustainability, 2020, 12 (5): 2153 .

125. Dong S. , Xu L. , The impact of explicit CSR regulation: evidence from China's mining firms [J]. Journal of Applied Accounting Research, 2016, 17 (2): 237 – 258.

126. Ekatah I. , Samy M. , Bampton R. , Halabi A. , The relationship between corporate social responsibility and profitability: the case of royal Dutch Shell plc. [J] Corporate Reputation Review, 2011, 14 (4): 249 – 261.

127. Fatemi A. , Fooladi I. , Tehranian H. , Valuation effects of corporate social responsibility [J]. Journal of Banking & Finance, 2015, 59: 182 – 192.

128. Ferrell A. , Liang H. , Renneboog L. , Socially responsible firms [J]. Journal of Financial Economics, 2016, 122 (3): 585 – 606.

129. Fortanier F. , Kolk A. , Pinkse J. , Harmonization in CSR reporting [J]. Management International Review, 2011, 51 (5): 665 – 696.

130. Friede G. , Busch T. , Bassen A. , ESG and financial performance: aggregated evidence from more than 2000 empirical studies [J]. Journal of Sustainable Finance & Investment, 2015, 5 (4): 210 – 233.

131. Gao L. , Zhang J. H. , Firms' earnings smoothing, corporate social responsibility, and valuation [J]. Journal of Corporate Finance, 2015, 32:

108 – 127.

132. Glavas A. , and L. N. Godwin, Is the Perception of "Goodness" Good Enough? Exploring the Relationship Between Perceived Corporate Social Responsibility and Employee Organizational Identification [J]. Journal of Business Ethics, 2013, 14, (1): 15 – 27.

133. Hameed I. , Z. Riaz G. A. , Arain and O. Farooq, How Do Internal and External CSR Affect Employees' Organizational Identification? A Perspective from the Group Engagement Model [J]. Frontiers in Psychology, 2016, (7): 788.

134. Hansen S. , Dunford B. , Boss A. et al. , Corporate social responsibility and the benefits of employee trust: A cross-disciplinary perspective [J]. Journal of Business Ethics, 2011 (102): 29 – 45.

135. Hemphill J. K. , Group Dimensions: A Manual for their Measurement. [J]. Personnel Psychology, 1957, 10 (3): 383 – 385.

136. Humphrey J. E. , Lee D. D. , Shen Y. , Does it cost to be sustainable? [J] Journal of Corporate Finance, 2012, 18 (3): 626 – 639.

137. Lam Andrés, J. Lára, Brynhildur D. , Drivers that motivate energy companies to be responsible. A systematic literature review of Corporate Social Responsibility in the energy sector [J]. Journal of Cleaner Production, 2019, 247: 94 – 119.

138. Lin I. , Chang O. , Chang C. , Perceptions of GRI reporting guidelines [J]. International Journal of Sustainability Policy and Practice, 2015, 9 (4): 35 – 54.

139. Lozano R. , A holistic perspective on corporate sustainability drivers [J]. Corporate Social Responsibility and Environmental Management, 2015, 22 (1): 32 – 44.

140. Maignan I. , Ferrell O. C. , Corporate Citizenship: Cultural Antecedents and Business Benefits [J]. Journal of the Academy of Marketing Science, 1999, 27 (4): 455.

141. Masulis R. W. , Reza S. W. , Agency problems of corporate philanthropy [J]. Review of Financial Studies, 2015, 28 (2): 592 – 636.

142. Matten D. , Moon J. , "Implicit" and "explicit" CSR: A conceptual framework for a comparative understanding of corporate social responsibility [J]. Academy of Management Review, 2008, 33: 404 – 424.

143. McGuire J. B. , Sundgren A. , Schneeweis T. , Corporate Social Responsibility and Firm Financial Performance [J]. Academy of Management Journal, 1988, 31 (4): 854 – 872.

144. Meyer J. P. , Allen N. J. , A Three-component Conceptualization of Organizational Commitment [J]. Human Resource Management Review, 1991, 1 (1): 61 – 89.

145. Ng A. C. , Rezaee Z. , Business sustainability performance and cost of equity capital [J]. Journal of Corporate Finance, 2015, 34: 128 – 149.

146. Ngoasong M. Z. , How international oil and gas companies respond to local content policies in petroleum-producing developing countries: a narrative enquiry [J]. Energy Policy, 2014, 73: 471 – 479.

147. Nikolaeva R. , Bicho M. , The role of institutional and reputational factors in the voluntary adoption of corporate social responsibility reporting standards [J]. Journal of the Academy of Marketing Science, 2011, 39 (1): 136 – 157.

148. Pätäri S. , Arminen H. , Tuppura A. , Jantunen A. , Competitive and responsible? The relationship between corporate social and financial performance in the energy sector [J]. Renewable & Sustainable Energy Reviews, 2014, 37: 142 – 154.

149. Preuss L. , Haunschild A. , Matten D. , The rise of CSR: implications for HRM and employee representation [J]. International Journal of Human Resource Management, 2009, 20: 953 – 973.

150. Raman S. , Managing employees perception on organizational practices-a contextual study on retention of Indian mining professionals [J]. Sankalpa: Journal of Management Research, 2018, 8 (1): 85 – 93.

151. Richard C. , Employee loyalty as adherence to shared moral values [J]. Journal of Managerial Issues, 2005 (1): 43 – 57.

152. Riketta M. , Organizational identification: A meta-analysis [J]. Jour-

nal of Vocational Behavior, 2005, 66 (2): 358 – 384.

153. Roeck K. , Delobbe N. , Do environmental CSR initiatives serve organizations' legitimacy in the oil industry? Exploring employees' reactions through organizational identification theory [J]. Journal of Business Ethics, 2012, 110 (4): 397 – 412.

154. Strand, Rich, A Systems Paradigm of Organizational Adaptations to the Social Environment [J]. Academy of Management Review, 1983, 8 (1): 90.

155. Turban D. B. , Greening D. W. , Corporate Social Performance and Organizational Attractiveness to Prospective Employees [J]. Academy of Management Journal, 1996, 40 (3): 658 – 676.

156. Turker D. , Measuring Corporate Social Responsibility: A Scale Development Study [J]. Journal of Business Ethics, 2009, 85: 411 – 427.

157. Valentine S. , Fleischman G. , Ethics programs, perceived corporate social responsibility and job satisfaction [J]. Journal of Business Ethics, 2008 (77): 159 – 172.

158. Van, Knippenberg D. , Van, Schie E. C. M. , Foci and Correlates of Organizational Identification [J]. Journal of Occupational and Organizational Psychology, 2000 (73): 137 – 147.

159. Verma A. , Mowday R. T. , Porter L. W. et al. , Employee-Organization Linkages: The Psychology of Commitment, Absenteeism, and Turnover [J]. Industrial and Labor Relations Review, 1985, 38 (2): 300.

160. Vigneau L. , Humphreys M. , Moon J. , How do firms comply with international sustainability standards? Processes and consequences of adopting the global reporting initiative [J]. Journal of Business Ethics, 2015, 131 (2): 469 – 486.